Anselm Grün

Trau dich
neu zu werden

Anselm Grün

Trau dich neu zu werden

Verwandeln statt verändern

Vier-Türme-Verlag

Bibliographische Information der Deutschen Nationalbibliothek

Die Deutsche Nationalbibliothek verzeichnet diese Publikation in der Deutschen Nationalbibliographie. Detaillierte bibliographische Daten sind im Internet über http://dnb.d-nb.de abrufbar.

1. Auflage 2016
© Vier-Türme GmbH, Verlag, Münsterschwarzach 2016
Alle Rechte vorbehalten

Umschlaggestaltung: Thomas Uhlig, www.coverdesign.net
Umschlagmotiv: Wilfried Martin / Imagebroker RM / www.f1online.de
Druck und Bindung: Pustet, Regensburg

ISBN 978-3-7365-0006-8
www.vier-tuerme-verlag.de

Inhalt

Einführung

Heute ist es modern, dass Firmen ständig umstrukturiert und verändert werden. Doch häufig bewirken die Vorstände oder die Sanierer bei den Mitarbeitern Widerstand. Der Widerstand hat zwei Gründe.

Einmal verunsichert Veränderung immer. Aber natürlich muss sich jede Firma auch wandeln. Sie kann nicht stehen bleiben. Diesen ersten Widerstand muss man ernst nehmen. Aber zugleich ist er eine Herausforderung, sich auf das Neue einzustellen.

Der zweite Grund für den Widerstand ist jedoch, dass in der Veränderung häufig etwas Aggressives steckt. Der Sanierer vermittelt den Mitarbeitern: Alles, was ihr bisher getan habt, war nicht gut. Es muss ganz anders werden. Ihr seid nicht gut, ihr müsst euch ändern. Die Firma muss eine andere Firma werden. Eine solche Ausstrahlung mancher Veränderer löst berechtigten Widerstand aus. Denn es verletzt die Würde der Mitarbeiter, wenn das Bisherige nicht gewürdigt, sondern verurteilt wird.

Die christliche Antwort auf Veränderung ist Verwandlung. Verwandlung ist wesentlich sanfter als Veränderung. Und Verwandlung entspricht sowohl dem Weg des einzelnen Menschen als auch der Entwicklung einer Gemeinschaft, einer Firma. Verwandlung sagt: Alles, was die Firma bisher getan hat, wird gewürdigt. Es durfte so sein, wie es war. Aber die Firma hat noch nicht ihre eigentliche Gestalt gefunden: die Gestalt, wie sie heute so auftreten kann, dass sie Erfolg hat. Die Verwandlung einer Firma ist sanfter als die Veränderung, die oft frustrierte und verletzte Mitarbeiter hinterlässt.

Was in den Firmen an Umstrukturierungsprozessen abläuft, das geschieht auch auf der persönlichen Ebene. Es werden heute so viele Ratgeberbücher angeboten, die uns zeigen wollen, wie schnell wir uns verändern können: Wir können unsere Angst verändern, unsere Gefühle, unseren Erfolg programmieren.

Als ich in Rio de Janeiro in der Flughafenbuchhandlung die Bücher anschaute, fand ich eines mit dem Titel: »Wie du dich in sieben Tagen vollständig verändern kannst«. Es war von einem amerikanischen Autor geschrieben. Ein solches Buch wird nur Frustration hervorrufen. Denn es ist eine Utopie, sich in sieben Tagen vollständig zu verändern. Sie entspricht der typisch amerikanischen Macher-Mentalität. Wir können alles machen, wenn wir es nur wollen. Wir brauchen nur positiv zu denken, dann können wir uns vollständig verändern. Die Seele rebelliert gegen solche illusionären Vorstellungen oft genug mit Depression. Die Seele zeigt uns, dass diese Mentalität nicht stimmt.

Ich kenne Menschen, die sich seit zehn Jahren ändern wollen, die ständig an sich arbeiten, um sich zu verändern. Aber es ändert sich gar nichts. Der Grund dafür: Das Verändern hat etwas Aggressives an sich. Ich kämpfe gegen etwas. Und das, wogegen ich kämpfe, das wird erst einmal Gegenkräfte entwickeln. Zum anderen steckt im Verändern eine Verurteilung meiner selbst: Ich bin so, wie ich bin, nicht gut. Es muss alles anders werden. Ich muss ein anderer werden.

Doch wenn wir die deutsche Sprache genau anschauen, so ist »ander« eine Ordnungszahl, ein anderes Wort für »zwei«. Verändern heißt also: Ich soll ein zweiter Mensch werden, oder negativ ausgedrückt: Ich soll zweite Wahl werden.

Verwandlung ist dagegen sanfter. Verwandlung meint: Alles in mir darf sein. Ich würdige mich so, wie ich geworden bin. Aber ich spüre zugleich: Ich bin noch nicht der, der ich von meinem Wesen her sein darf. Das Ziel der Verwandlung ist, dass das ursprüngliche und einmalige Bild, das Gott sich von mir gemacht hat, in mir zum Vorschein kommt. Aber dieses Bild will durch alles, was in mir ist, hindurchstrahlen. Veränderung hat das Ziel, dass ich ein anderer Mensch werde. Verwandlung dagegen zielt darauf hin, dass ich ganz ich selbst werde, mehr und mehr dieser einmalige Mensch, der ich bin.

Verwandeln würde bedeuten, dass zunächst alles gut ist, was ist, dass aber vieles unser Wesen und unsere Wahrheit verstellt. Verwandeln bestünde darin, das Urbild aus dem Gestrüpp der Bilder herauszubilden und das Eigentliche aus dem Uneigentlichen wachsen zu lassen. Verwandlung setzt eine absolute Zustimmung zum Sein voraus. Alles darf sein, alles hat einen Sinn. Ich müsste nur erforschen, was für einen Sinn etwa meine Leidenschaften, meine Krankheiten, meine Konflikte, meine Probleme hätten.

Verwandlung ist für mich die typisch christliche Weise der Veränderung. In der Verwandlung ist der Aspekt der Gnade. Gott selbst verwandelt den Menschen. Das wurde in der Menschwerdung seines Sohnes offenbar, in der er unsere menschliche Natur verwandelt und vergöttlicht hat. Verwandlung ist auch der Schlüsselbegriff für eine Spiritualität, die nicht versucht, alle Fehler und Schwächen in Griff zu bekommen und möglichst alle Sünden zu vermeiden. Sie vertraut vielmehr darauf, dass alles in uns einen Sinn hat, selbst unsere Sünde, und dass Gott alles in uns verwandeln möchte, damit sein Licht und seine Herrlichkeit immer mehr in uns aufscheinen.

Die Frage ist, wie Verwandlung geschieht. Es gibt verschiedene Wege der Verwandlung:

Der erste Weg der Verwandlung besteht darin, dass ich alles, was in mir ist, Gott hinhalte. Ich verdränge nichts, sondern ich schaue an, was in mir auftaucht. Und ich halte es in Gottes Liebe hinein. Ich stelle mir vor, dass Gottes Liebe in meine Angst, in meine Ohnmacht, in meine Verzweiflung, in meine Leere, in meine Unruhe, in meine Traurigkeit, in meinen Ärger, in meine Eifersucht einströmt. Und indem Gottes Liebe, Gottes Geist dort einströmt, wandeln sich meine Gefühle.

Der zweite Weg geht über das Gespräch mit dem, was in mir auftaucht. Ich spreche mit meiner Angst und frage sie, was sie mir sagen möchte und wovor ich wirklich Angst habe. Ich spreche mit meiner Depression und frage sie nach ihrem Sinn. Und ich spreche mit meinem Ärger, mit meinem Neid, mit meiner Eifersucht, mit meiner Wut, mit meiner Sexualität und mit meiner Sucht. Indem ich mit meinen Emotionen und Leidenschaften spreche, erkenne ich ihren Sinn. Und dadurch wandeln sich die Leidenschaften. Sie beherrschen mich nicht mehr, sondern sie werden zu Freunden, die mir mein wahres Wesen aufdecken und mir Schritte zur Lebendigkeit und Freiheit weisen.

Der dritte Weg der Verwandlung besteht darin, dass ich innehalte und dem bisherigen Leben einen Widerstand entgegensetze. Der Vorgang, mit dem Wasser in Strom verwandelt wird, kann dies illustrieren. Ich baue einen Damm und staue das Wasser an, damit es durch die Turbine fließen kann und in Elektrizität verwandelt wird. So brauchen wir manchmal die Askese, die ein Hindernis gegenüber den bisherigen Gewohnheiten aufbaut. Die Askese ist ein Training, das wir auf uns nehmen, damit sich in uns etwas wandelt. Indem ich zum Beispiel in der Fastenzeit auf etwas verzichte, wächst in mir das Gefühl von Freiheit und Unabhängigkeit. Ich tue also etwas, ich setze mir ein Programm, damit sich in mir etwas wandelt.

Der vierte Weg besteht im Ausprobieren. Indem ich ein neues Verhalten ausprobiere, wandelt sich meine Seele, wandeln sich meine Gewohnheiten, wandelt sich mein Inneres. Das wird für mich deutlich in dem Satz, den Jesus zu dem Gelähmten am Teich von Betesda spricht: »Steh auf, nimm dein Bett und geh!« (Joh 5,9) Der Gelähmte wartet auf ein Wunder von Jesus. Doch Jesus sagt ihm ein Wort. Wenn er dieses einfach ausprobiert, wird er erfahren, dass sich sein Leben wandelt. Ich habe das oft erlebt. Wenn etwas in mir stockt und nicht weiter geht, dann sage ich mir dieses Wort Jesu: »Steh auf, nimm dein Bett und geh!« Dann wandelt sich in mir die Verkrampfung. Ich traue mich aufzustehen. Und auf einmal fühle ich mich wie verwandelt. Ich bekomme Mut. Ich kann gehen. Verwandlung geschieht durch Gott. Aber auch wir müssen unseren Teil dazu beitragen. Wir müssen unsere Wirklichkeit Gott hinhalten und wir müssen Haltungen ausprobieren, damit sie uns Halt geben. Im Tun und im Ausprobieren von Haltungen und Tugenden geschieht in uns Verwandlung, die aber immer auch geprägt ist von der Gnade Gottes, die all unser Tun begleitet.

Auf das Thema »Verwandlung« wurde ich durch einen Traum gestoßen. Ich träumte, dass ich eine Primizpredigt halten sollte. Ich fand mein Manuskript nicht. Ich war nervös, als ich auf die Kanzel stieg und wusste nicht, was ich predigen sollte. Da hatte ich im Traum auf einmal einen Geistesblitz: »Ich predige über den Priester als Wandler und Verwandler.«

Dieses Thema der Verwandlung hat mich dann nicht mehr losgelassen. Als ich mich damit beschäftigte, bekam ich eine Anfrage, bei der pädagogischen Werkwoche in Salzburg einen Vortrag zu halten zum Thema »Ändern oder Umdeuten – Der Wandlungsweg des Glaubens«. Seit 1991 führt die Abtei Münsterschwarzach das Recollectiohaus, ein Haus für Priester und Ordensleute, die in eine Krise geraten oder ausgebrannt sind. Zu Beginn einer Eucharistiefeier in der Gruppe dieser Priester und Ordensleute sagte ich ein paar Gedanken über Verwandeln statt Verändern. Ich war überrascht über das Echo, das die Gedanken bei den Teilnehmern fand. Sie spürten, dass sie nicht alles selbst machen müssen, dass nicht alles, was bisher war, falsch war, sondern dass Gott selbst sie – durch alle Krisen und Konflikte hindurch – wandeln will. Sie erkannten, dass ihre Krise, in die sie geraten waren, eine Chance war, mit der Gott die neue und wahre Gestalt aus ihnen hervorlocken möchte.

Seit dieser Zeit habe ich viele Führungsseminare gehalten. Auch dort habe ich oft von Verwandlung statt Veränderung gesprochen. Und ich habe immer wieder Zustimmung erfahren. Die Manager spürten: Nur durch ständiges Verändern und Umstrukturieren helfe ich weder meiner Firma noch mir selbst. Der Gedanke der Verwandlung war für sie wie eine Entlastung. Ich darf mich selbst und die Firma, in der ich arbeite, würdigen. Und ich schaue, in welche Gestalt ich selbst und die Firma wachsen möchten. Und ich muss nicht alles selbst machen. Da ist auch Gott, der bei allem, was ich tue, die eigentliche Verwandlung bewirkt.

I

Verwandlung in den Märchen

Die Gespräche mit den Gästen, denen ich von Verwandlung erzählt habe, machten mich neugierig, über das Thema »Verwandlung« zu lesen, was mir in die Hände kam. Dabei fand ich kaum etwas in theologischen oder spirituellen Lexika, wohl aber beim Schweizer Psychologen Carl Gustav Jung und in den Märchen. Vor allem faszinierte mich das Märchen »Die drei Sprachen«. Es drückte in einem Bild genau das aus, was ich erahnte und wofür ich doch keine Worte fand. Ich möchte das Märchen vollständig erzählen und dann auslegen. Es sagt für mich etwas Wesentliches über die Verwandlung des Menschen:

In der Schweiz lebte einmal ein alter Graf, der hatte nur einen einzigen Sohn, aber er war dumm und konnte nichts lernen. Da sprach der Vater: »Höre, mein Sohn, ich bringe nichts in deinen Kopf, ich mag es anfangen, wie ich will. Du musst fort von hier, ich will dich einem berühmten Meister übergeben, der soll es mit dir versuchen.« Der Junge ward in eine fremde Stadt geschickt und blieb bei dem Meister ein ganzes Jahr. Nach Verlauf dieser Zeit kam er wieder heim, und der Vater fragte: »Nun, mein Sohn, was hast du gelernt?« – »Vater, ich habe gelernt, was die Hunde bellen«, antwortete er. »Dass Gott erbarm«, rief der Vater aus, »ist das alles, was du gelernt hast? Ich will dich in eine andere Stadt zu einem anderen Meister tun.« Der Junge ward hingebracht und blieb bei diesem Meister auch ein Jahr. Als er zurückkam, fragte der Vater wiederum: »Mein Sohn, was hast du gelernt?« Er antwortete: »Vater, ich habe gelernt, was die Vögel sprechen.« Da geriet der Vater in Zorn und sprach: »Du verlorner Mensch, hast die kostbare Zeit hingebracht und nichts gelernt und du schämst dich nicht, mir unter die Augen zu treten? Ich will dich zu einem dritten Meister schicken, aber lernst du auch diesmal nichts, so will ich dein Vater nicht mehr sein.« Der Sohn blieb bei dem dritten Meister ebenfalls ein ganzes Jahr, und als er wieder nach Haus kam und der Vater fragte: »Mein Sohn, was hast du gelernt?«, so antwortete er: »Lieber Vater, ich habe dieses Jahr gelernt, was die Frösche quaken.« Da geriet der Vater in den höchsten Zorn, sprang auf, rief seine Leute herbei und sprach: »Dieser Mensch ist mein Sohn nicht mehr, ich stoße ihn aus und gebiete euch, dass ihr ihn hinaus in den Wald führt und ihm das Leben nehmt.« Sie führten ihn hinaus, aber als sie ihn töten sollten, konnten sie nicht vor Mitleiden und ließen ihn gehen. Sie schnitten einem Reh Augen und Zunge aus, damit sie dem Alten die Wahrzeichen bringen konnten.

Der Jüngling wanderte fort und kam nach einiger Zeit zu einer Burg, wo er um Nachtherberge bat. »Ja«, sagte der Burgherr, »wenn du da unten in dem alten Turm übernachten willst, so gehe hin, aber ich warne dich, es ist lebensgefährlich, denn er ist voll wilder Hunde, die bellen und heulen in einem fort, und zu gewissen Stunden müssen sie einen Menschen ausgeliefert haben, den sie auch gleich verzehren.« Die ganze Gegend war darüber in Trauer und Leid und konnte doch niemand helfen. Der Jüngling aber war ohne Furcht und sprach: »Lasst mich nur hinab zu den bellenden Hunden und gebt mir etwas, das ich ihnen vorwerfen kann; mir sollen sie nichts tun.« Weil er nun selbst nicht anders wollte, so gaben sie ihm etwas Essen für die wilden Tiere und brachten ihn hinab zu dem Turm. Als er hineintrat, bellten ihn die Hunde nicht an, wedelten mit den Schwänzen ganz freundlich um ihn herum, fraßen, was er ihnen hinsetzte, und krümmten ihm kein Härchen. Am anderen Morgen kam er zu jedermanns Erstaunen gesund und unversehrt wieder zum Vorschein und sagte zu dem Burgherrn: »Die Hunde haben mir in ihrer Sprache offenbart, warum sie da hausen und dem Lande Schaden bringen. Sie sind verwünscht und müssen einen großen Schatz hüten, der unten im Turme liegt, und kommen nicht eher zur Ruhe, als bis er gehoben ist, und wie dies geschehen muss, das habe ich ebenfalls aus ihren Reden vernommen.« Da freuten sich alle, die das hörten, und der Burgherr sagte, er wolle ihn an Sohnes Statt annehmen, wenn er es glücklich vollbrächte. Er stieg wieder hinab, und weil er wusste, was er zu tun hatte, so vollführte er es und brachte eine mit Gold gefüllte Truhe herauf. Das Geheul der wilden Hunde ward von nun an nicht mehr gehört, sie waren verschwunden, und das Land war von der Plage befreit.

Über eine Zeit kam es ihm in den Sinn, er wollte nach Rom fahren. Auf dem Weg kam er an einem Sumpf vorbei, in welchem Frösche saßen und quakten. Er horchte auf, und als er vernahm, was sie sprachen, ward er ganz nachdenklich und traurig. Endlich langte er in Rom an, da war gerade der Papst gestorben und unter den Kardinälen großer Zweifel, wen sie zum Nachfolger bestimmten sollten. Sie wurden zuletzt einig, derjenige sollte zum Papst erwählt werden, an dem sich ein göttliches Wunderzeichen offenbaren würde. Und als das eben beschlossen war, in dem selben Augenblick trat der junge Graf in die Kirche, und plötzlich flogen zwei schneeweiße Tauben auf seine beiden Schultern und blieben da sitzen. Die Geistlichkeit erkannte darin das Zeichen Gottes und fragte ihn auf der Stelle, ob er Papst werden wolle. Er war unschlüssig und wusste nicht, ob er dessen würdig wäre, aber die Tauben redeten ihm zu, dass er es tun möchte, und endlich sagte er: »Ja« Da wurde er gesalbt und geweiht, und damit war eingetroffen, was er von den Fröschen unterwegs gehört und was ihn so bestürzt gemacht hatte, dass er der heili-

ge Papst werden sollte. Darauf musste er eine Messe singen und wusste
kein Wort davon, aber die zwei Tauben saßen stets auf seinen Schultern
und sagten ihm alles ins Ohr.

Wilhelm Laiblin, ein Schüler C. G. Jungs, hat mich auf dieses Märchen aufmerksam gemacht. Für mich ist es ein Märchen, das die Verwandlung eines »dummen« Jungen zum Papst wunderbar beschreibt. Wenn wir das auf uns beziehen, heißt es: es beschreibt, wie wir aus unserem oft oberflächlichen Leben heraus verwandelt werden zu einem spirituellen Menschen. Der Papst steht für den spirituellen Menschen. Wir müssen erst die Sprache der bellenden Hunde lernen. Das heißt für mich: Ich muss die Sprache meiner Leidenschaften, Emotionen und meiner psychischen Probleme lernen. Ich muss lernen, wie ich mich mit meinen Leidenschaften und Gefühlen unterhalten kann.

Dann muss ich die Sprache der Vögel lernen. Das ist die Sprache des Geistes. Ich muss mich über meine Leidenschaften und Gefühle erheben. Ich muss mein Leben von einer höheren Warte aus betrachten, indem ich die Vogelperspektive einnehme. Und dann kann ich es wagen, in das Unbewusste einzutauchen und die Sprache der Frösche lernen, die vor allem im Traum zu mir sprechen.

Das Märchen zeigt den zweiten Weg der Verwandlung: den Weg des Gespräches, den Weg über die Sprache. Ich lerne die Sprache meiner Seele kennen, die sich in meinen Leidenschaften und Emotionen ausdrückt. Und ich spreche mit meinen Gefühlen und mit allem, was in meiner Seele auftaucht. Der Graf möchte, dass sein Sohn etwas Gescheites lernt, das ihn lebensfähig macht. Doch der

Sohn lernt das, was ihn zu einem ganzen Menschen macht, ja was ihn letztlich zu einem Menschen mit spiritueller Kompetenz werden lässt. Das ist mit dem Bild vom Papst gemeint.

Wilhelm Laiblin fasst die Botschaft dieses Märchens so zusammen: »Lerne zuerst einmal die Sprache der bellenden Hunde in dir verstehen und nähere dich ihnen als Freund und Bruder. Dann werden sie dir sagen, dass sie, die Verstoßenen, Verachteten und Gefürchteten, nur darum so unruhig sich gebärden, weil sie als deine treuesten und besten Freunde deine Aufmerksamkeit auf den verborgenen Schatz lenken wollen, der im Grunde deiner Seele auf dich wartet und den zu heben deine eigentliche Aufgabe ist.« (Laiblin 297)

Die bellenden Hunde können meine Leidenschaften sein, meine Wut, meine Eifersucht, meine Sexualität, meine Empfindlichkeit, meine depressiven Stimmungen, meine Ängste. Ich soll sie nicht in den Turm einschließen, sonst bin ich selbst irgendwann einmal aus dem Haus meines Lebens ausgeschlossen. Ich soll vielmehr mit ihnen reden. Sie bellen deshalb so laut, weil sie einen Schatz hüten. Überall dort, wo es mich drückt, wo ich mit mir nicht zurechtkomme, wo ein Konflikt sich lauthals meldet, wo eine Krankheit unüberhörbar schreit, da liegt auch ein Schatz bereit. Gerade dort, wo es in mir brodelt, will etwas in mir zum Leben kommen und aufblühen.

Verwandlung meint, dass ich nichts in mir ausschließe, sondern dass ich mit meinen Leidenschaften, Krankheiten, Konflikten, Problemen, ja auch mit meinen Sünden ins Gespräch komme. Dann werden sie mich zu dem Schatz führen, der in mir verborgen liegt: zu neuen Lebensmöglichkeiten, zu einer neuen Qualität, die ich bisher unterdrückt habe. Dort, wo ich mich ohnmächtig fühle und auf meine Unfähigkeit stoße, meine Fehler, meine Schwächen, meine Probleme in den Griff zu bekommen, dort liegt auch ein Schatz begraben.

Statt meine Energie dazu zu verwenden, die Fehler gewaltsam zu beseitigen oder zu unterdrücken, sollte ich mit meinen Fehlern und Sünden, mit meinen Konflikten und Problemen ins Gespräch kommen. Dann können diese mir den Schatz zeigen, der auf dem Grund meiner Seele darauf wartet, geborgen zu werden, und sie können mir zugleich auch den Weg zu diesem Schatz weisen.

Die Art, wie unsere Leidenschaften oder Krankheiten »bellen«, gibt uns auch an, wie wir durch sie hindurch zur Quelle in uns vordringen können. Das verlangt aber ein Umdenken in unserer Spiritualität. Unsere Spiritualität war oft zu männlich, zu animus-besetzt, zu sehr darauf aus, zu unterdrücken, zu beherrschen, in den Griff zu bekommen und zu beseitigen. Wir haben in unserer Askese zu sehr unseren Willen eingesetzt, der kraftvoll und gewaltsam etwas überwindet oder vernichtet. Unsere Spiritualität müsste der anima in uns mehr Raum geben, sie müsste weiblicher und mütterlicher sein. Verwandlung entspricht dieser animage-prägten Spiritualität. In der Verwandlung darf alles sein, da darf etwas wachsen, aufblühen und neu geboren werden. Wie die Mutter bewerte ich nicht, was in mir ist. Ich wende mich diesem zu, damit es sich wandeln kann.

Was das Märchen von den drei Sprachen meint, ist mir ganz konkret bei der Begleitung einer Ordensschwester aufgegangen. Die Schwester hatte immer wieder mit Husten zu tun, bei ihr »bellten« die Hunde also im wahrsten Sinne des Wortes. Der Arzt hatte die Behandlung mit der Begründung abgelehnt, dass der Husten psychische Ursachen hätte. Im Gespräch versuchten wir gemeinsam zu erkunden, was der Husten ihr sagen, zu welchem Schatz er sie führen wollte.

Husten hat etwas mit Aggression zu tun. Der Volksmund sagt ja auch: »Ich huste dir etwas.« Husten ist für die Zuhörer bei einer Predigt oder einem Vortrag oft die einzige Weise, ihre Aggressionen zu äußern. Zumindest sagt die Stärke des gemeinsamen Hustens etwas über die Akzeptanz beziehungsweise Ablehnung des Vortrags aus. Der Schwester fielen gleich ihre Aggressionen ein, die sie als Kind hatte, weil ihre Geschwister immer im Mittelpunkt standen und sie gleichsam nur unter der Decke lebte. Das gleiche Gefühl, nur unter der Decke zu leben, hatte sie oft auch in ihrer Schwesterngemeinschaft. Sie kam gar nicht richtig zum Zuge, die anderen standen immer im Mittelpunkt. Sie konnte oder traute sich nicht das Wort zu ergreifen.

Der Husten zeigte ihr nun, dass sich ihr innerster Kern dagegen wehrte, dass sie nicht mehr nur so dahinvegetieren wollte. Mit dem Husten sprechen, das würde bedeuten, seine Botschaft zu verstehen: »Ich will auch leben. Ich will nicht mehr unter der Decke leben. Ich will selbst sein: frei, echt, authentisch. Ich will Lust am Leben haben.«

Der Husten gab der Ordensschwester den Impuls, die Decke wegzuziehen, unter der sie lebte, die Fesseln zu zerbrechen, die sie gefangen hielten, und zu sich selbst zu stehen. Inzwischen hat sie neue Lebensmöglichkeiten in sich entdeckt. Sie lebt wirklich und wird nicht mehr gelebt. Sie traut sich, sich in Diskussionen einzumischen und Stellung zu beziehen. Ja, sie ist auf einmal kreativ, es gehen von ihr neue Ideen aus, sie hat Vorstellungen davon, was da in ihr wachsen möchte. Sie hat in sich den Schatz einer neuen Lebensqualität entdeckt und ausgegraben.

Neulich erzählte sie mir, der Husten sei für sie kein Problem mehr, er komme aber immer dann wieder, wenn sie nicht auf ihre innere Stimme höre, wenn sie sich nur nach den Erwartungen der anderen richte. Ich sagte ihr: »Das ist wunderbar, du hast immer einen Hund bei dir, der dann bellt, wenn du nicht wirklich du selbst bist.« Der Husten ist für sie also wirklich der bellende Hund, der sie immer wieder zu ihrem Schatz führt: zur Echtheit, zur Freiheit, zu sich selbst, zu ihrem eigentlichen Wesen. Anstatt den Husten mit Medikamenten in Griff zu bekommen, hört sie immer wieder auf ihn. So wird ihr Leben echt, sie kommt in Berührung mit ihrer Freiheit, mit ihrer wahren Gestalt.

Für mich ist das Märchen eine gute Hilfe für meine geistliche Begleitung geworden. In der Begleitung begegne ich oft Menschen, die sofort die Sprache der Vögel lernen wollen. Sie wollen zu schnell spirituelle Menschen werden.

Das geht aber nicht, denn sie müssen erst ihrer eigenen Wirklichkeit begegnen. Das war für die frühen Mönche klar. Evagrius Ponticus sagt: »Willst du Gott erkennen, lerne vorher dich selbst kennen.« Nur Menschen, die sich selbst kennen, können die Sprache des Geistes lernen. Erst dann können sie sich auf einen geistlichen Weg machen. Und wenn sie ein Gespür haben für die Sprache des Geistes, dann finden sie auch den Mut, die Sprache ihres Unbewussten zu lernen – das ist die Sprache der Frösche – und sich ohne Angst den Tiefen ihres Unbewussten auszusetzen. Sie machen sich dann vertraut mit der Sprache der Frösche, die im Traum zu ihnen sprechen. Dann wird die Sprache des Geistes auch zur Sprache des Heiligen Geistes, der alles in ihnen zu verwandeln vermag.

Die Bibel sieht im Heiligen Geist jenen Beistand, den Jesus uns sendet, um uns in alle Wahrheit einzuführen. Gott offenbart uns aber nur dann die Geheimnisse der Transzendenz, wenn wir, wie der junge Mann im Märchen, in den Turm unserer Leidenschaften hinabsteigen, um mit den bellenden Hunden in uns zu reden. Geistliche Erfahrung setzt das Vertrautwerden mit den eigenen Leidenschaften voraus. Und Gott lehrt uns die Sprache des Geistes, wenn wir auch bereit sind, die Sprache des Unbewussten, die Sprache unserer Träume zu sprechen, in denen Gottes »vergessene Sprache« zu uns spricht.

Beim Lesen zum Thema »Verwandlung« bin ich auf viele Märchen gestoßen, die von der Verwandlung von Menschen in Tiere oder Pflanzen und von der Wandlung der Tiere in Prinzen oder Prinzessinnen erzählen. Im Märchen »Die sechs Schwäne« muss die Schwester sechs Jahre lang schweigen und Sternenhemden nähen, um die sechs Brüder zu erlösen, die von einer bösen Zauberin in Schwäne verwandelt wurden. Ein König hatte bei der Jagd eine alte Frau getroffen, die ihn nur unter der Bedingung aus dem Wald führte, dass er seine Tochter heirate. Nach der Heirat merkt er, dass er eine Hexe neben sich hat. »Von seiner früheren Frau hatte er sechs Knaben und ein Mädchen. Als er merkte, dass seine neue Frau die Kinder töten wollte, verbirgt er sie in einem einsamen Schloss in der Mitte des Waldes und besucht sie heimlich. Die Hexe findet es heraus, und nachdem sie sechs Zauberhemden genäht hat, folgt sie den Spuren des Königs zum Schloss. Da die Jungen denken, es sei ihr Vater, eilen sie hinaus, um ihn zu begrüßen, doch da wirft die Königin die Hemden über sie, so dass sie in sechs Schwäne verwandelt werden.« (Franz 112) Das Mädchen kann sich retten. Sie erfährt, dass sie ihre Brüder nur dadurch erlösen könne, dass sie sechs Jahre lang stumm bleibe und sechs Hemden aus Sternblumen für sie nähe. Sechs Jahre lang muss sie in ihrer Liebe ganz auf die Brüder ausgerichtet sein, im Schweigen darf sie sich in der wohlwollenden Aufmerksamkeit auf die Brüder nicht stören lassen. Diese bewusste und intensive Liebe verwandelt sie wieder zu Menschen. Das Mädchen wird von der Zauberin verleumdet und auf den Scheiterhaufen gebracht. Doch gerade als man das Feuer entzündet, fliegen die sechs Schwäne herbei. Das Mädchen »hatte die Hemden mitgebracht und wirft sie nun über die Vögel, die im selben Augenblick zu Männern werden, nur der jüngste Bruder hat anstelle des einen Armes einen Flügel« (Franz 112).

Das Hemd kann die Projektion bedeuten, die einen Menschen verwandeln kann. Negative Projektionen, falsche Bilder, die wir einem anderen überwerfen, können das Tierische im Menschen hervorlocken. Projektion kann sich magisch auf Menschen auswirken und sie verzaubern. Das Sternenblumenhemd drückt eine positive Projektion aus. »Das Mädchen macht eine lange und hingebungsvolle Anstrengung, um den Schwänen eine Form zu verleihen, mittels derer sie in menschliche Gestalt zurückkehren können.« (Franz 121)

Es wäre eine eigene Untersuchung wert, die vielen Wandlungsmärchen anzuschauen und unsere Wege der Verwandlung darin wieder zu entdecken. Ich möchte mich in diesem Buch aber auf Bilder und Geschichten von Verwandlung beschränken, die mir in der Bibel begegnet sind.

Die Heilige Schrift des Alten und Neuen Testamentes ist voll vom Thema »Verwandlung«. Man könnte die Konkordanz nach den

Worten »Wandeln« und »Verwandeln« untersuchen. Gott selbst verwandelt unser Klagen in Tanzen (vgl. Ps 30,12), er wandelt das Meer in trockenes Land (vgl. Ps 66,6), den Fels in strömendes Wasser (vgl. Ps 114,8) und das Wasser in Blut (Ps 105,29).

Verwandeln hat mit wenden zu tun (lateinisch: convertere). Der Psalmist bittet: »Wende doch, Herr, unser Geschick!« (Ps 126,4) Und er bekennt voll Freude: »Als der Herr das Los der Gefangenschaft Zions wendete, da waren wir alle wie Träumende.« (Ps 126,1) Im Neuen Testament drückt Paulus mit dem Wort »verwandeln« das Ziel unseres geistlichen Lebens aus: Wir werden durch den Geist Christi »in sein eigenes Bild verwandelt, von Herrlichkeit zu Herrlichkeit« (2 Kor 3,18).

Noch ergiebiger als der Blick in die Konkordanz ist, die Bilder, Geschichten und Wege der Verwandlung zu meditieren und sich selbst darin wieder zu finden. Dabei gelten die Grundsätze der Auslegung, die ich in dem Band über »Tiefenpsychologische Schriftauslegung« dargelegt habe.

II

Verwandlung bei C. G. Jung

Verwandlung ist in der Psychologie von C. G. Jung ein zentraler Begriff. Jung versteht den Prozess der Selbstwerdung als dauernden Wandlungsweg. Das Ziel des Wandlungsprozesses ist die Vereinigung der Gegensätze. Der Weg der Wandlung geht über die Verwandlung der Triebenergie in eine höhere Energie.

C. G. Jung verwendet hier den Ausdruck Libido. Er meint nicht nur die sexuelle Energie wie bei Freud, sondern allgemein eine naturhafte Kraft, die sowohl den Trieb als auch den Instinkt des Menschen beinhaltet. Für Jung ist die Libido eine wichtige Lebensenergie. Aber sie kommt aus dem animalischen Bereich und muss daher verwandelt werden.

Die Verwandlung geschieht über die Symbole und archetypischen Bilder. Die archetypischen Bilder werden durch Rituale aktiviert und ins Bewusstsein gehoben. Dabei ist für C. G. Jung das Symbol von Geburt, Tod und Wiedergeburt die beste Beschreibung des inneren Wandlungsprozesses, den ein Mensch auf seinem Weg der Individuation zu gehen hat.

Jung beschreibt zahlreiche Wandlungsrituale und Wandlungszeremonien, wie sie in vielen Religionen üblich sind. Und er vergleicht diese Wandlungsrituale dann mit den christlichen Symbolen. Er hat ein eigenes Buch geschrieben über »Das Wandlungssymbol in der Messe« (Jung 11, 219–326). Obwohl er Sohn eines evangelischen Pfarrers war, hat er sich intensiv mit den Ritualen der katholischen Messe befasst und sie auf dem Hintergrund der Religionsgeschichte psychologisch gedeutet.

Für C. G. Jung bleibt der Mensch nur lebendig, wenn er sich wandelt. »Alles Junge wird einmal alt, alle Schönheit verwelkt, alle Wärme erkaltet, jeder Glanz erlischt und jede Wahrheit wird schal und flach. Denn all diese Dinge haben einmal Gestalt gewonnen, und alle Gestalten unterliegen der Einwirkung der Zeit; sie altern, kranken, zerfallen – wenn sie sich nicht wandeln.« (Jung 5, 456) Wandlung gehört demnach zum Wesen des Menschseins. Es gibt aber im Menschen zugleich Widerstand gegen die Verwandlung. »Sehr oft ist das vorschriftsgemäße Benehmen der Ersatz für die geistige Wandlung.« (Jung 9/I, 151) Ein anderer Widerstand ist die ständige Suche nach dem Erfolg. Ein erfolgreiches Leben, so meint Jung, ist der größte Feind der Verwandlung. Wer sich in seinem Erfolg sonnt, der hat es nicht nötig, sich zu wandeln. Er bleibt innerlich stehen. C. G. Jung schreibt: »Wir alle erinnern uns wohl an gewisse Freunde und Schulkameraden, die vielversprechende, ideale Jünglinge waren, denen man dann nach Jahren wieder begegnet ist und die man in einer Schablone vertrocknet und eingeengt gefunden hat.« (Jung 8, 450) Der Grund dieses Vertrocknens ist, dass diese Menschen sich mit dem äußerlich Erreichbaren zufrieden gaben, aber ihre seelischen Möglichkeiten versäumt haben.

Ein wichtiges Symbol für die Verwandlung ist das Kind. Daher ist es für Jung nicht erstaunlich, »dass die mythischen Heilbringer oft Kindgötter sind. Das entspricht genau den Erfahrungen der Psychologie des Einzelnen, welche zeigen, dass das Kind eine zukünftige Wandlung der Persönlichkeit vorbereitet. Es antizipiert im Individuationsprozess jene Gestalt, die aus der Synthese der bewussten und der unbewussten Persönlichkeitselemente hervorgeht. Es ist daher ein die Gegensätze vereinigendes Symbol, ein Mediator, ein Heilbringer, das heißt Ganzmacher.« (Jung 9/I, 205)

Aber es gibt noch andere religiöse Symbole, die die Verwandlung des Menschen unterstützen. C. G. Jung geht davon aus, dass die Symbole die Libido umformen »aus einer niederen Form in eine höhere« (Jung 5, 296). Die Symbole verwandeln die biologische Energie in eine geistige Energie. Die Symbole verbinden die Gegensätze in sich: das Bewusste und Unbewusste, Geist und Trieb. Durch diese Verbindung der Gegensätze geschieht Verwandlung.

Wie die Symbole biologische Energie in geistige Energie umwandeln, zeigt C. G. Jung am Beispiel der Beziehung des Sohnes zu seiner Mutter. Der Sohn empfängt von der Mutter viel Energie. Doch wenn er zu lange zu nahe bei der Mutter bleibt, entwickelt er sich nicht weiter, sondern bleibt im infantilen Zustand stehen. Wenn er sich gewaltsam von der Mutter losreißt, dann fehlt ihm eine wichtige Energiequelle. Es geht darum, dass ein Symbol die mütterliche Energie in eine nährende Energie verwandelt, die aber den Menschen frei macht. Der Sohn ist nicht mehr an die Mutter gebunden, sondern schöpft aus ihrer Quelle. Die religiösen Symbole wie Gott, Himmel, Paradies, Kirche verwandeln die Bindung an die Mutter in ein Trinken aus der mütterlichen Quelle. Jung nennt das »eine lebensfähige Wandlung« (Jung 5, 301). Die Verwandlung bedeutet nicht, dass ich mir mit meinem Verstand irgendein Bild zurechtlege, sondern indem ich mich zu dem hin verwandle, was als Möglichkeit schon in mir angelegt ist. (Vgl. Jung 5, 301)

Für C. G. Jung ist gerade auch das Kreuz ein wichtiges Symbol, um die Triebhaftigkeit des Menschen in Liebe zu verwandeln. Ein anderes Bild für die Verwandlung ist für Jung das Opfer. Im Opfer halte ich Gott mein Ich hin. In den Gaben, die mein sind, halte ich mein eigenes Ego Gott hin, damit er es mir verwandelt als mein Selbst, als mein wahres Wesen, zurückgibt.

Wenn ich im Opfer mein wahres Selbst gewinne, führt das zu »einer Energieauslösung« (Jung 5, 546). Das Opfer integriert das Unbewusste ins Bewusstsein. Diese Integration »hat Heilwirkung« (Jung 5, 548). Die Integration des Unbewussten ins Bewusste bewahrt den Menschen vor grundlosen Phobien und Obsessionen. (Vgl. Jung 9/II, 182) Symbole, Opfer und auch Märchen und Mythen helfen den Menschen bei der Verwandlung der Libido, aber nach C. G. Jung auch »religiöse Begriffe (dogmata)« (Jung 9/II, 181).

Denn für Jung sind auch die Dogmen Symbole »transzendenter, das heißt unbewusster Vorgänge« (Jung 5, 550). Sie beschreiben den Weg der Individuation des Menschen. Jung verteidigt die Dogmen als Beschreibung der inneren Vorgänge im Menschen. Und er hat einen Sinn für Rituale. Der Ritus – so meint er – verbindet den Menschen mit seiner mythischen Vergangenheit, mit seinen tief in die Geschichte der Menschheit hineinreichenden Wurzeln. Im Ritus bekommt der Mensch Anteil an der numinosen Bedeutung von Geburt und Tod, von Pubertät und Hochzeit.

Die »Repräsentierung der Vergangenheit« im Ritus ist heilsam für den Menschen. In den Ritualen, in denen der Mensch Anteil bekommt an der Lebensenergie des kollektiven Unbewussten, in dem die Weisheit der Menschheit gesammelt ist. Und so sind die Rituale für C. G. Jung wichtige Orte der Verwandlung des Menschen.

Oft beginnt die Verwandlung des Menschen mit einer äußeren Notlage. Eine Krise oder eine Notsituation zwingt mich, mich mit dem Unbewussten zu beschäftigen. Oft tauchen in solchen Situationen auch archetypische Bilder in meinen Träumen auf, die den Weg der Verwandlung anzeigen. C. G. Jung meint, der Mensch brauche manchmal Krisen, in denen seine Lebenskraft nach außen gelähmt wird, damit er das Unbewusste ans Bewusste anschließe. Der Mensch wandelt sich nur, wenn er das Unbewusste integriert. Wenn es ihm immer gut geht, dann sieht er oft gar keinen Grund, sich dem Unbewussten zuzuwenden. Und dann bleibt er im Äußeren stehen.

C. G. Jung spricht auch von Hilfen für die Verwandlung. Da ist einmal der Ritus, der ein wesentlicher Ort der Verwandlung ist, durch seine Verbindung von Bewusstem und Unbewusstem. Aber auch Erzählungen können verwandeln. In einer Geschichte finden wir uns selbst wieder. Und ohne dass wir es merken, verwandelt uns eine Erzählung. Unsere Sichtweise wandelt sich und unsere Selbstwahrnehmung. (Vgl. Jung 9, 143)

Aber auch die geistlichen Methoden wie Meditation, Gebet, Exerzitien sind für C. G. Jung Wandlungswege. Und es gibt für Jung »natürliche Wandlungsvorgänge, die uns zustoßen, ob wir es wollen oder nicht, und ob wir es wissen oder nicht ... Die natürlichen Wandlungsvorgänge kündigen sich vor allem im Traume an.« (Jung 9, 144f)

Die Verwandlung geschieht mitten im Leben. Manchmal ist es eine Begegnung mit einem Menschen, die uns verwandelt. Wir gehen anders aus der Begegnung heraus, als wir hinein gegangen sind. Auch im Lesen von Büchern kommen wir oft in Berührung mit den inneren Quellen. Wir entdecken in uns den »Seelenfreund«, der uns zum Geheimnis unseres Lebens führen möchte. (Vgl. Jung 9, 135)

Mit dem Bild des »Seelenfreundes« meint C. G. Jung etwas in uns, das unsterblich ist. Er möchte das Sterbliche in uns zum Unsterblichen verwandeln. In der christlichen Tradition sprechen wir vom Christus in uns, vom inneren Meister, der Gott und Mensch zugleich ist und der auch in uns das Menschliche mit dem Göttlichen verbinden möchte, der in uns alles mit seiner göttlichen Liebe durchdringen und verwandeln möchte. Christus bringt uns in Berührung mit dem göttlichen Kern in uns, mit dem einmaligen Bild, das Gott sich von jedem von uns gemacht hat.

Ziel der Verwandlung ist, dass dieses göttliche Bild durch die Hülle unseres Menschseins hindurchscheint, dass das göttliche Licht aus unseren Augen strahlt und dass auch unser Leib etwas von dem ursprünglichen und unverfälschten Bild widerspiegelt.

C. G. Jung könnte bestätigen, was der heilige Paulus von dieser inneren Verwandlung schreibt: »Wir alle spiegeln mit enthülltem Angesicht die Herrlichkeit des Herrn wider und werden so in sein eigenes Bild verwandelt, von Herrlichkeit zu Herrlichkeit, durch den Geist des Herrn.« (2 Kor 3,18) Paulus schreibt diese Worte an die Korinther, die mit verschiedenen Mysterienkulten vertraut waren, wie sie damals weit verbreitet waren. In diesen ging es auch um Verwandlung. Die Verwandlung geschieht durch das Schauen in einen magischen Spiegel. Wir Christen schauen auf das Bild Jesu Christi, damit es sich in uns einbildet und uns mehr und mehr verwandelt in das Bild der Herrlichkeit, das uns Gott bei unserer Geburt eingeprägt hat. Dieses Bild wurde aber oft genug verdunkelt.

Im Schauen auf Christus kommen wir wieder in Berührung mit diesem inneren Bild. So werden wir im Schauen auf Christus verwandelt in das ursprüngliche göttliche Bild, das voller Glanz und Herrlichkeit ist.

III

Bilder von Verwandlung

Die Bibel ist voll von Bildern der Verwandlung. Da ist der Stab des Mose, der sich in eine Schlange verwandelt, da der Fels, der zur Quelle frischen Wassers wird. Die biblischen Bilder zeigen, was Gott an und in uns verwandeln kann, und sie geben Stationen auf unserem Weg der Verwandlung an.

Ich möchte mich hier auf die Bilder beschränken, mit denen die Bibel den Auszug der Israeliten aus Ägypten beschreibt. Es sind archetypische Bilder, in denen wir wesentliche Grundzüge unserer eigenen Verwandlung erkennen können. Und es sind Bilder, die die Kirchenväter immer wieder als Bilder unseres eigenen Auszugs aus Ägypten, unserer eigenen Erlösung und Verwandlung gedeutet haben.

Wir finden diese Bilder auch oft von Künstlern dargestellt. Offensichtlich haben die Künstler verstanden, dass diese Bilder das Geheimnis unserer Menschwerdung ausdrücken und veranschaulichen.

1 Der brennende Dornbusch
Ex 3,1–12

Der Dornbusch gilt für die Israeliten als wertlos, unbrauchbar, als trockenes Kraut am Rand der Wüste. So kann er für uns ein Bild für das Verdorrte und Starre, für das Dürre und Leere, für das Übersehene und Verachtete, für das Gescheiterte und Verwundete in uns sein.

Wenn Mose ausgerechnet diesen wertlosen Dornstrauch brennen sieht und in ihm die Herrlichkeit Gottes schaut, dann will Gott nicht nur ihm, sondern auch uns etwas Wesentliches über das Geheimnis der Menschwerdung sagen. Mose hatte im Zorn einen Ägypter erschlagen und im Sand verscharrt. Er war Opfer seiner eigenen Leidenschaft geworden und musste vor dem Pharao, der ihn töten wollte, aus Ägypten fliehen. In der Fremde musste er leben und einsehen, dass er gegen das mächtige Ägypten nichts ausrichten kann. Sein Eifer für sein Volk hat ihn in die Verbannung geführt. So ist sein Leben in der Fremde ausgetrocknet, fern von seinen Stammesgenossen ist er mit seiner Vision eines freien Israels gescheitert.

Mose kann sich in dem Dornbusch wiedererkennen. Er ist auch am Rand der Wüste, wertlos geworden, verachtet, ausgedörrt, unbrauchbar, zu nichts mehr gut. Statt in Ägypten am Hof des Pharao zu sein, muss er nun in der Wüste das Vieh seines Schwiegervaters weiden. Er, der aus eigener Kraft seine Volksgenossen aus der Hand der Ägypter befreien wollte, ist jetzt genauso wertlos und unbrauchbar wie dieser Dornbusch. Den einzigen Sohn, den ihm seine Frau gebiert, nennt er Gerschom, Gast der Öde. Sein Sohn spiegelt ihm seine eigene Öde, sein eigenes Entfremdetsein wider.

Der Dornbusch steht für die Erfahrung, die viele Menschen in der Lebensmitte machen. Sie haben den Eindruck, dass ihr Leben gescheitert ist, dass sie auf den Trümmern ihres Lebens sitzen, dass alles sinnlos, leer und ausgedörrt ist. Sie spüren, dass sie vieles übersehen haben, dass sie an vielem vorbeigelebt haben, was hätte leben wollen. Vieles haben sie auch verachtet, weil es nicht den eigenen Maßstäben entsprochen hat. Jetzt fühlen sie sich so verachtet, gescheitert, ausgebrannt, zu nichts mehr brauchbar wie der Dornbusch. Sie leben nicht ihr eigenes Leben, sondern das ihres Schwiegervaters. Sie sind dazu verdammt, die Erwartungen anderer zu erfüllen, anstatt selbst zu leben. Das, was sie selbst gezeugt haben, ist nur »Gerschom, Gast in der Öde«, es zeugt nur von der Öde, die sie umgibt. Selbst das, was sie selbst geschaffen haben, gehört ihnen nicht, es geht in der Fremde unter. Keiner will es sehen, keiner will es haben. Umsonst haben wir gezeugt, umsonst gearbeitet. Wir haben uns wie Mose voller Eifer eingesetzt für unsere Familie, für unser Unternehmen, für die Kirche. Aber es hat nichts genutzt. Jetzt stehen wir einsam da, alleingelassen, übersehen von den Menschen, für die wir uns engagiert haben. Wir sind gescheitert. Es hat alles keinen Sinn mehr.

Doch ausgerechnet in diesem Dornbusch erscheint dem Mose Gott mit seiner Herrlichkeit. Gott ist wie eine Flamme, die aus dem Dornbusch emporschlägt und ihn doch nicht verbrennt. Gott verwandelt gerade das Öde und Leere, das Gescheiterte und Ausgebrannte, das Übersehene und Verachtete, das Verwundete und Verletzte in uns zum Ort seiner Gegenwart.

Anstatt über die Krise unserer Lebensmitte zu jammern, sollten wir mit den Augen des Mose Gott selbst darin entdecken. Es gibt nichts in meinem Leben, das keinen Sinn hätte, das nicht von Gott in Schönheit und Herrlichkeit verwandelt werden könnte. Das Bild des brennenden Dornbusches schenkt mir neue Augen: Augen des Glaubens, die gerade in dem Leeren und Dürren in mir das Licht Gottes entdecken. Wenn ich mich mit diesen Augen des Glaubens anschaue, dann erlebe ich mein Leben anders. Alles hat seinen Sinn. Alles war gut, auch das Scheitern, auch die Krisen, auch das Verdrängen. Alles kann von Gott verwandelt werden, auch das Verklemmte, auch das Kranke.

Gerade in meinen Wunden will Gott aufleuchten. Gerade so wie ich bin, gescheitert, unbrauchbar, leer, vertrocknet, gerade so kann Gott mich wie Mose in seinen Dienst nehmen, gerade so kann er mich zum Zeugen seines Lichtes und seiner Liebe bestellen.

Doch ich muss wie Mose erst die Schuhe ausziehen. Ich brauche den Blick der Ehrfurcht, der wahrnimmt, dass ich auf heiligem Boden stehe. Die Augen der Neugier werden Gott nicht in meinen Misserfolgen entdecken. Da muss ich mit meinen Füßen die Erde – den humus – berühren, da brauche ich die Demut – die humilitas –, um mitten im Dreck meines Lebens Gottes Licht aufleuchten zu sehen. Es braucht eine Spiritualität von unten, die im Scheitern, in der Sünde, in der eigenen Ohnmacht Gottes Herrlichkeit entdeckt. So kann in der eigenen Erbärmlichkeit Gottes Erbarmen aufgehen.

Schuhe und Füße weisen in der Traumpsychologie oft »auf das weibliche beziehungsweise männliche Genitale hin. Das Ausziehen der Schuhe kommt also einer Selbstentblößung, einer symbolischen Nacktheit ... gleich.« (Drewermann 384) Wenn Mose die

Schuhe vor Gott auszieht, so ist das auf der einen Seite ein Akt der Demut und Selbstauslieferung, zum anderen drückt er damit aus, dass er vor Gott, auf heiligem Boden, ganz so sein darf, wie er ist, gerade in seiner Nacktheit.

Heilige Orte sind für viele Völker Erinnerungszeichen für das verlorene Paradies. »An diesen Paradiesstätten ist es selbstverständlich möglich und nötig, unbekleidet, also ohne Scham und Scheu, vor seinen Schöpfer hinzutreten. An einem ›heiligen Ort‹ darf man wieder so sein, wie man ist; man hat dort nichts zu verbergen und braucht sich selbst nicht zu verstecken; man darf dort sein und leben, wie Adam vor dem Sündenfall; an einem ›heiligen Ort‹ ist man vollkommen angenommen.« (Drewermann 386)

Die Kirchenväter haben den brennenden Dornbusch auf Maria hin gedeutet, die den Sohn Gottes in ihrem Schoß empfing und doch nicht dabei verbrannte. Das weist uns noch auf eine andere Bedeutung hin. Wir bleiben wie Maria Mensch, wir bleiben in Berührung mit der Erde, mit dem Schmutz in uns, mit dem inneren Schatten, mit der eigenen Sünde. Wir bleiben die Verwundeten und Gekränkten, die Empfindlichen und Geängstigten. Aber mitten in unserem Dornbusch erscheint dennoch Gottes Herrlichkeit. Das Feuer der göttlichen Liebe brennt in unserem Dornbusch auf, ohne ihn zu verbrennen. Unser Leben wird nicht total anders. Wir bleiben sperrig und leer, hartnäckig und verschlossen, ohnmächtig und schwach. Und doch leuchtet Gottes Licht und Liebe gerade in unserer Ohnmacht auf.

Der Dornbusch bleibt Dornbusch, aber er wird durch das Licht Gottes verwandelt zum Ort seiner leuchtenden Gegenwart. Der Blick auf den brennenden Dornbusch kann uns befreien von dem Leistungsdruck, dass wir alles Dürre und Starre selbst wieder lebendig machen müssen, von der Angst, dass unser Leben gescheitert und dass alles zerbrochen ist. Der Blick auf den brennenden Dornbusch lässt mich daran glauben, dass Gott auch in mir am Werk ist, dass er im Stillen in mir wirkt, um alles zu verwandeln, damit alles von Gottes Herrlichkeit künde, gerade auch das Schwache und Verachtete in mir.

Der brennende Dornbusch weist uns einen neuen Weg der Spiritualität. Es kommt nicht darauf an, dass wir uns durch Askese in Ordnung bringen, dass wir unseren Baum kräftig wachsen lassen, sondern dass wir uns, so wie wir sind, Gott hinhalten. Gott ist schon da, er ist schon in meinem Dornbusch, er ist schon in meiner Wunde, in meiner Angst, in meiner Leere. Ich muss mich nicht immer gesammelt oder fromm fühlen. So leer, wie ich bin, bin ich doch in Gott und Gott ist in mir. Geistliches Leben besteht darin, dass ich in allem Gottes Spuren entdecke, gerade auch in meinen Wunden. Meine innere Leere und Zerrissenheit werden sich wandeln, wenn ich den Kampf dagegen aufgebe und mich einfach zerrissen und leer Gott übergebe. Wenn ich mit nackten Füßen zu meinem Dornbusch gehe, wenn ich ungeschützt und unbedeckt auf Gottes heiligen Boden stehe, dann wird sich meine Leere in Fülle, meine Zerrissenheit in die Ahnung eines tiefen Friedens verwandeln.

Das Feuer, das den Dornbusch erleuchtet, aber nicht verzehrt, ist ein Bild für die Liebe, es kann auch ein Bild für die Sexualität sein. Die Feuersgluten, durch die Pamina und Tamino in Mozarts »Zauberflöte« schreiten müssen, stellen ihre leidenschaftliche Liebe dar. Sie müssen durch Feuer und Wasser hindurch, damit ihre Leidenschaft sich in wahre und tragfähige Liebe wandle. Der brennende Dornbusch verheißt uns, dass auch in uns die Liebe Vertrocknetes und Verdorrtes wieder zum Leben wecken und gerade das Verachtete und Schwache in Schönheit verwandeln kann. Die Liebe verwandelt, indem sie berührt. Durch zärtliche Berührung blühen Menschen auf, die vorher in sich verkrampft und hart waren. Nun werden Mauern weich, die zuvor Menschen voneinander getrennt haben, nun kommt Licht in die dunkle Bitterkeit eines verschlossenen Herzens. Göttliche und menschliche Liebe kann unser leeres und ausgebranntes Herz zu einem Ort von Licht und Herrlichkeit verwandeln.

Gott beruft Mose am brennenden Dornbusch zum Befreier aus der Gefangenschaft Ägyptens, indem er ihm sein eigenes Leben, seine eigene Niedrigkeit und Unbrauchbarkeit, vorhält. Zuvor wollte Mose Israel aus eigener Kraft befreien. Daran ist er jämmerlich gescheitert. Er ist in seinem Zorn und in seiner Ohnmacht steckengeblieben. Jetzt, da er im Dornbusch seine eigene Schwäche angenommen hat, in der Gottes Herrlichkeit erscheint, kann er sich von Gott in Dienst nehmen lassen. Jetzt wird er zum Begleiter auf dem Weg in die Freiheit.

In der Lebensmitte könnten wir uns im Blick auf den brennenden Dornbusch fragen, was wir in uns selbst in die Freiheit hinausführen sollten, wo wir in uns selbst gefangen sind, wo unser Leib verklemmt und verspannt ist, wo unsere Beziehungen uns einengen, wo wir uns selbst von Normen und Prinzipien gefangen nehmen lassen. Wir sollten Gott zutrauen, dass er uns in die Freiheit hinausführt und wir selbst für andere Menschen zum Begleiter auf dem Weg in die Freiheit werden dürfen.

Andere bei ihren ersten Schritten in die Freiheit begleiten zu dürfen, das ist wohl die schönste Aufgabe, die auf uns wartet. Sie wartet gerade dann auf uns, wenn wir wie Mose im Dornbusch

Gott selbst in seiner Herrlichkeit erkennen, wenn wir wie Mose in unserem Scheitern, in unserer Schwäche, in unserer Starre Gott erfahren, der alles mit dem Feuer und der Glut seiner alles verwandelnden Liebe aufbrechen und aufblühen lassen möchte.

2 Die ägyptischen Plagen
Ex 7,1–11,10

In den ägyptischen Plagen begegnen uns negative Wandlungen. Weil das Herz des Pharao verhärtet ist, verwandelt sich um ihn herum alles Lebende in Totes, das Fruchtbare in Unfruchtbares, das Schöne in Hässliches.

Wir können die ägyptischen Plagen als Bilder für die negative Verwandlung eines Menschen verstehen, der sein Herz verhärtet. Liebe kann den Dornbusch in Licht verwandeln, Hass und Verhärtung verhärten Licht in Dunkelheit und Leben in Tod. Auch die Verwandlung zum Schlechten hin ist eine Realität, die wir an uns selbst und an Menschen in unserer Umgebung beobachten können. Wenn wir nach langer Zeit einen Menschen treffen, sagen wir von ihm, er habe sich gewandelt, zum Guten oder zum Schlechten.

In der Beschreibung der ägyptischen Plagen lasse ich mich von der Auslegung von Eugen Drewermann anregen. Die erste Plage ist die Verwandlung des Wassers in Blut. Das Wasser, das Leben spendet, wird zum Brunnen des Todes. Die Fische sterben, die Menschen können das Wasser nicht mehr trinken. Pervertiertes Leben führt zum Tod und verbreitet um sich herum nur Tod.

Wenn Gott dann das Land mit Fröschen überschwemmt, zeigt sich darin die Überflutung durch das Unbewusste. Das Unbewusste kann ein ganzes Volk überschwemmen, wie es etwa das Dritte Reich gezeigt hat. Auf einmal hört das Denken auf. Unbewusste Inhalte beherrschen das Volk. Frösche können auch Symbol für die Sexualität sein, die auf einmal das ganze Leben beherrscht.

43

Die Stechmücken, die sich auf Mensch und Vieh setzen und sie plagen, können ein Bild für die Gewissensbisse sein, die an uns nagen, und für die Schuldgefühle, die uns stechen. Sie können auch die Vorwürfe des Überichs sein, die auf uns sitzen und uns nicht leben lassen.

Der Mensch, der nicht wagt, er selbst zu sein, der sich verhärtet wie der Pharao oder der sich von Fronvögten antreiben lässt, wie die Israeliten, verwandelt sich in eine Karikatur des Menschseins. Alle seine positiven Kräfte und Anlagen pervertierten sich ins Gegenteil. Diese negative Verwandlung können wir Tag für Tag bei uns selbst beobachten. Die ägyptischen Plagen halten sie uns vor Augen. Das Ungeziefer, das Gott in alle Häuser Ägyptens eindringen lässt, zeigt die Vergiftung der Gedanken und Gefühle. Verselbstständigte Emotionen lassen sich wie Ungeziefer in alle Ritzen unseres Leibes und unserer Seele nieder. Wir können nicht mehr klar denken, überall haben sich in unser Denken perverse Phantasien und bittere Gefühle eingeschlichen.

Schließlich kommt über alles Vieh eine schwere Seuche. Unsere Triebsphäre wird krank. Wir verlieren die gesunde Beziehung zu unseren Trieben und zu unserem Leib. Wenn die Tiere sterben, stirbt die Grundlage und Wurzel unserer Vitalität, die Kraft, die unser Denken abstützt. Als Mose Ofenruß in die Höhe wirft, bilden sich Geschwüre und aufplatzende Blasen an Mensch und Vieh. (Vgl. Ex 9,10) Die Wunden brechen auf. Die Verletzungen und Kränkungen der Kindheit werden offenbar und halten uns vom Leben ab. Alles in uns ist eitrig und wund. Wir fühlen uns nicht mehr wohl in unserer Haut. Die Ausschläge an der Haut zeigen uns die innere Zerrissenheit und Unzufriedenheit. Die Geschwüre werden durch Ofenruß hervorgerufen. Die verbrannte Liebe und die verbrannte Sexualität verwunden den Menschen. Die Liebe wärmt nicht mehr, sondern, abgestanden und ausgebrannt zerreißt sie die schützende Haut und wird zu einem schmerzenden Geschwür.

Als der Pharao immer noch nicht auf Gottes Stimme in den Worten des Mose hört, lässt es Gott donnern und blitzen und hageln. Die im verhärteten Herzen zurückgehaltenen Aggressionen entladen sich als Donner, Blitz und Hagel. Ein Ungewitter prasselt auf die menschliche Seele herab und zerstört alles, was ihr in die Quere kommt. Aber selbst dadurch lässt sich ein Mensch wie der Pharao noch nicht bewegen, Gottes Wege zu gehen oder das Volk den Weg ziehen zu lassen, den Gott ihm geheißen hat. Er bleibt bei seiner Sünde (vgl. Ex 9,34), bis die Sünde alles in ihm zerstört und Leben in Tod verwandelt.

Donner und Blitz können im Traum Bilder sein, dass alles in einem erschüttert wird und man sich der Verwandlung stellen muss, damit es nicht noch schlimmer kommt. Aber viele hören auch nicht auf die donnernde Stimme Gottes im Traum. Da müssen erst noch Heuschrecken kommen und alles verzehren, was noch am Leben geblieben ist. Jetzt vernichtet nicht mehr der Hagel, der vom Himmel fällt, alles Leben, sondern die Heuschrecken, die die Häuser erfüllen, die also in der menschlichen Seele selbst hausen. In Donner und Blitz entladen sich die Aggressionen nach außen, in den Heuschrecken haben sie sich verinnerlicht.

Und die verinnerlichten Aggressionen sind noch gefährlicher. Wenn sie in einer Depression über die Seele eines Menschen herfallen, dann ist ihm oft nicht mehr zu helfen, dann zehren sie seine Lebenskraft aus. Und es besteht keine Aussicht auf Rettung, wenn nicht Gott selbst einen Mose schickt, der der Plage ein Ende bereitet. Sonst verdunkelt sich alles. Und in der Finsternis der eigenen Seele erlebt man sich und sein Leben als aussichtslos und sinnlos. Es hat keinen Zweck mehr zu leben.

Doch wenn sich die Finsternis wieder auflöst, tun manche Menschen so, als ob sie nie bestanden hätte. Sie hören nicht auf ihre Botschaft, um sich von Gott wandeln zu lassen. Wieder verhärten sie ihr Herz wie der Pharao. Erst als Gott die Erstgeburt Ägyptens tötet, ist der Pharao bereit, das Volk Israel ziehen zu lassen. Ja, jetzt drängt ganz Ägypten Israel, fortzugehen, damit nicht noch Schlimmeres geschehe.

Die Erstgeburt steht für die eigene Fruchtbarkeit, für das Weiterleben in den Nachkommen, für das Geschenk Gottes, das unserem Leben Bestand gibt. Wenn sogar die Erstgeburt getötet wird, wenn mir das Liebste genommen wird, dann kann ich entweder in Traurigkeit versinken oder aber ich muss mich auf den Weg zum wahren Leben machen. Ich muss wie der Pharao das Volk ziehen lassen und anerkennen, dass ich keine Macht habe über mein Volk, über die vielen Kräfte meiner Seele, über mein Leben und mein Schicksal. Ich bin herausgefordert, mich Gott anzuvertrauen. Nur er kann mein Leben so verwandeln, dass es heil wird und frei. Wenn ich wie Pharao mein Leben mit Gewalt festhalten will, so wird es sich in Tod und Finsternis, in Angst und Schmerz, in Aussichtslosigkeit und Verzweiflung wandeln.

So zeigen uns die ägyptischen Plagen, wie unser Leben sich auf jeden Fall wandelt. Wenn wir uns nicht von Gott verwandeln lassen, dann geschieht in uns Wandlung zum Schlechten, dann kehren sich alle Kräfte unserer Seele gegen uns selbst. Das Wasser als Zeichen für Leben wandelt sich in Blut. Das Leben atmet den Tod. Die Stechmücken und Heuschrecken plagen uns. Donner und Blitz durchzucken die Landschaft unserer Seele, bis sich schließlich alles verdunkelt. Die Bibel zeigt uns in den ägyptischen Plagen, wie sich ein Mensch zum Bösen und Kranken hin wandeln kann.

Und indem sie uns die Möglichkeit der negativen Verwandlung aufzeigt, möchte sie uns einladen, den Weg der Wandlung zu gehen, den Gott uns zugedacht hat. Es ist die Verwandlung zum Leben und zur Freiheit, zum Licht und zur Schönheit.

3 Der Durchzug durch das Rote Meer
Ex 13,17–14,31

Israel erlebt den Durchzug durch das Rote Meer als das Wunder schlechthin. Gott verwandelt das Meer in trockenes Land, damit das Volk hindurchziehen kann. Die feindlichen Ägypter, die nachsetzen, versinken in den zurückflutenden Wassern. Das ist für Israel die grundlegende Erfahrung von Erlösung und Befreiung. Es ist ein Geschehen, das die Bibel uns erzählt. Aber das Meer, das zum trockenen Land wird, ist auch ein archetypisches Bild, das uns zeigt, was Erlösung ist. Schon Paulus hat den Durchzug durch das Rote Meer typologisch als Bild für Tod und Auferstehung Jesu und als Bild für unsere Taufe gedeutet. Die Liturgie sieht im Durchzug durch das Rote Meer ein Vorbild für die Auferstehung Jesu und für die Erlösung, die Christus in Tod und Auferstehung an uns gewirkt hat.

Was meint das Bild des Meeres, das sich in eine trockene Furt verwandelt? Israel erlebt am Schilfmeer seine Ohnmacht. Auf der einen Seite stand das Meer, auf der anderen die feindlichen Ägypter mit ihrer überlegenen Streitmacht. Es gab keinen Ausweg. Das Meer bedeutete den sicheren Tod. Und die Ägypter auf der anderen Seite wollten sie ebenfalls vernichten. Das Meer ist Bild für die Aussichtslosigkeit und Ohnmacht, für die Bedrohung durch den Tod. Meer ist aber auch Bild für das Unbewusste, das einen überschwemmen kann, in dessen Fluten man versinken kann. Überschwemmung ist im Traum ein häufiges Motiv, das uns anzeigt, dass wir keinen Boden unter den Füßen haben, dass wir in unbewussten Ideen und Bildern versinken. Der Psalmist klagt: »Schon reicht mir das Wasser bis an die Kehle. Ich bin in tiefem Schlamm versunken und habe keinen Halt mehr; ich geriet in tiefes Wasser, die Strömung reißt mich fort.« (Ps 69,2f) Das Wasser ist auf der einen Seite Bild für das Bedrohende und Ängstigende, auf der anderen Seite aber auch für das Lebenspendende, für das Erneuernde und Nährende.

Wenn Gott nun das Meer in trockenes Land verwandelt, dann hat das verschiedene Bedeutungen. Einmal verwandelt Gott die tödliche Gefahr in einen Weg zum Leben. Die bedrohlichste Gefahr kann umschlagen in die Erfahrung wirklichen Lebens, wie es Hölderlin ausgedrückt hat: »Wo aber Gefahr ist, wächst das Rettende auch.« Gott kann meine gefährliche Krankheit verwandeln, sodass ich dadurch erst zum wirklichen Leben finde. Er kann eine Krise, die mich in den Abgrund zu reißen droht, in einen tragenden Grund verwandeln, auf dem ich stehen und sicheren Fußes den Weg in die Freiheit gehen kann. Die grundlegende Erfahrung von Verwandlung ist solche Wandlung des Bedrohenden in das Behütende, der Angst in Vertrauen, der Verzweiflung in Hoffnung, der Aussichtslosigkeit in Zuversicht, der Gefangenschaft in Freiheit. Überall, wo wir das erfahren dürfen, handelt Gott an uns wie damals am Schilfmeer. Aber, so sagt uns auch der Text, wir müssen wie Israel erst die Angst und die Aussichtslosigkeit in ihrer ganzen Schärfe erleben und durchleiden, bevor sie umschlagen können in Vertrauen und Hoffnung. Die Verwandlung geschieht auf dem Grund des Meeres, auf dem Grund unserer Angst und Verzweiflung, nicht dort, wo wir noch vom sicheren Ufer aus auf unsere Angst schauen können.

Wenn das Meer auch für das Unbewusste steht, dann verwandelt Gott das Unbewusste, das uns verschlingen kann, in trockenes Land, das uns trägt. Wir können offensichtlich nicht an unserem Unbewussten vorbei zum Leben gelangen. Wahre Freiheit erfahren wir nicht an der Oberfläche unserer bewussten Gedanken und Gefühle, sondern wenn wir den Weg durch die Tiefen unseres Unbewussten wagen. Im Vertrauen auf Gott werden wir erleben, dass das Unbewusste trägt, dass es uns nicht in den Abgrund reißt. Ja, es wird uns wirklich zum Neuen Ufer führen. Wenn wir aus Sicherheitsgründen an unseren bewussten Ideen und Einstellungen festhalten, werden wir nie wirklich weiter kommen. Wir werden vielleicht auf der Karriereleiter höher klettern, aber dabei wird unser Menschsein verkümmern. Wenn wir in wirklich neue Bereiche vorstoßen wollen, müssen wir den Weg durch das Meer des Unbewussten wagen. Wir erfahren auch hier unsere Ohnmacht und Angst. Wir haben keine Garantie, dass das Wasser trägt. Doch das Bild vom Durchzug durch das Rote Meer lässt uns darauf vertrauen, dass Gott auch in uns das Unbewusste verwandeln kann und wird, sodass wir trockenen Fußes ans andere Ufer gelangen. Nicht wir können diese Verwandlung bewirken, sondern allein Gott. Wir müssen auf das Wunder der Wandlung vertrauen, das Gott gerade dann wirkt, wenn wir am Ende sind mit unseren Möglichkeiten, wenn alles sich gegen uns verschworen hat und es scheinbar keinen Ausweg mehr gibt.

Gott gebietet dem Mose, er solle seinen Stab und seine Hand über das Meer halten, damit es sich spalte. (Vgl. Ex 14,16) Wir brauchen auch oft einen Mose, der über das Meer unserer Angst, unseres Unbewussten, unserer Verdrängungen, unserer Gefährdungen, seine Hand hält, damit wir es sicher durchschreiten können. In der therapeutischen und spirituellen Begleitung wagen wir uns unter den schützenden und segnenden Händen eines anderen in das Meer unseres Lebens. Weil einer uns segnet, weil einer Gutes über uns und unsere Verdrängungen sagt, deshalb können wir sie durchschreiten, ohne von ihnen verschlungen zu werden. Ohne diese segnenden und bergenden Hände würden wir uns nicht getrauen, in das eigene Meer einzusteigen. Gott selbst hält in dem begleitenden Mose seine Hand über unser Meer und verwandelt es zu einer Furt ans andere, ans rettende Ufer, zu einem Weg in die Freiheit, in das eigentliche und wahre Leben.

4 Wasser aus dem Felsen
Ex 15,22–24 und Ex 17,1–7

Auf dem Weg durch die Wüste murrt das Volk immer wieder gegen Gott und Mose, weil es zu verdursten droht. Die Israeliten werfen Mose vor, dass er sie aus Ägypten geführt habe, um sie hier verdursten zu lassen. Sie sehnen sich zurück nach Ägypten, wo es genügend Wasser gab und wo die Fleischtöpfe voll waren.

In Mara finden sie Wasser, aber sie können es nicht trinken, weil es bitter ist. Auf das Geheiß Gottes wirft Mose ein Stück Holz in das Wasser und es wird süß. Für den Kirchenvater Tertullian ist das Holz ein Bild des Kreuzes, durch das Christus die bitteren Wasser unseres Lebens verwandelt hat: »Jenes Holz war Christus, der die vorher vergifteten und bitteren, ungesunden natürlichen Wasseradern durch sich selbst umwandelte, und zwar zu Taufwassern.« (Rech 327)

Christus selbst, so glauben die Kirchenväter, verwandelt unser durch die Sünde vergiftetes und bitter gewordenes Leben durch die Berührung mit dem Holz des Kreuzes. Wenn Christus uns mit seiner Liebe berührt, wird das Bittere in uns süß, das Ungenießbare schmackhaft und das Giftige wird zu einer Quelle des Lebens.

Kurz nach dieser Szene murren die Israeliten schon wieder. Gott gebietet nun dem Mose, auf den Felsen am Berg Horeb mit dem Stab zu schlagen. Mose tut es und sofort strömt genügend Wasser aus dem Felsen, sodass das Volk zu trinken hat. (Vgl. Ex 17,5ff; Num 20,7ff) Für Paulus ist dieser Fels Christus selbst: »Sie tranken aus dem Leben spendenden Felsen, der mit ihnen zog. Und dieser Fels war Christus.« (1 Kor 10,4) Die Kirchenväter führen diese Deutung weiter. So schreibt Jakob von Batnä: »Er (Mose) spaltete den Felsen und ließ Ströme aus ihm hervorquellen; dadurch zeichnete er Christus, der auf die ganze Welt herabströmt. Denn Christus war jener Fels, wie geschrieben steht; durch ihn und sein Mysterium lebten die Hebräer, ohne es zu merken.« (Rech 329)

Die Kirchenväter sehen sowohl im Holz als auch im Fels Bilder für Christus. Wir können Holz und Fels aber auch als innere Bilder verstehen. Dann ist der Fels ein Bild für das Felsige und Steinige in uns, für das Verhärtete und Abgestorbene in unserem Herzen. Durch die Berührung mit dem Stab verwandelt Gott den Fels in eine strömende Quelle. Das Harte in uns verwandelt Gott durch seinen Geist zu einem Strom frischen Wassers. Dieses Bild wird von den Propheten immer wieder beschrieben. Manchmal ist es der Fels, der zur Wasserquelle wird, oft auch die Wüste und das öde Land. So verheißt Gott beim Propheten Jesaja: »In der Wüste brechen Quellen hervor, und Bäche fließen in der Steppe. Der glühende Sand wird zum Teich und das durstige Land zu sprudelnden Quellen.« (Jes 35,6f)

Der Stab, mit dem Mose den Felsen berührt, kann ein Bild sein für die Sexualität. In der Hand des Mose sollte der Stab ja zu einer Schlange werden und von der Schlange wieder zum Stab. (Vgl. Ex 4,1–5) Die Schlange steht in den Märchen oft in Beziehung zur Sexualität. Wenn ein Mensch mit seinen sexuellen Gefühlen und mit der sexuellen Energie in sich in Berührung kommt, dann wird oft das Felsige und Harte in ihm zu einer Quelle des Lebens. Der Stab ist ein Bild für die Lebenskraft selbst, die auch durch den Felsen hindurch das Leben zur Blüte treibt. Er steht auch für die Liebe, die das Herz aus Stein wieder zu einem Herzen aus Fleisch verwandelt.

Gott hat diesen Stab dem Mose gegeben. Gott hat uns die Liebe als die Kraft geschenkt, die Felsen in Wasserquellen, die Wüsten in Oasen, die trockene Steppe in Ströme sprudelnden Wassers verwandeln kann. In der Begleitung von Menschen, die zu Stein geworden sind, darf ich oft erleben, wie sie aufblühen, wenn sie sich verlieben, wie sie lebendig werden, wenn sie Liebe von einem Menschen erfahren dürfen. Ich sehe dann wie Zärtlichkeit und Nähe, Offenheit und Intimität sie verwandeln, wie sie in Berührung kommen mit den eigenen Quellen, wie ihre Lebensenergie in ihnen nun strömt und fließt.

Zu Stein kann das Herz eines Menschen werden, wenn er seine Gefühle und Bedürfnisse unterdrückt und sich selbst so mehr und mehr vom Leben abschneidet. Aggressionen, die nie gelebt werden dürfen, Leidenschaften, die man sich verbietet, Emotionen, die man zurückhält, können in uns zu Stein werden. Wut, die zu lange verdrängt wird, setzt sich im ganzen Leib fest und lässt den Leib hart und felsig werden. Dann sind oft alle Muskeln verkrampft. Solche Menschen fühlen sich gelähmt und wie von einem eisernen Ring eingeschlossen.

Erst wenn sie wieder mit ihrer Wut in Berührung kommen, wenn sie sie zulassen und in einer guten Weise ausagieren, kann sich die Wut zu einer neuen Quelle von Lebendigkeit verwandeln. Sie müssen den Stab ihrer Liebe und ihrer Sexualität an den Felsen ihres Herzens halten, um das strömende Wasser hervorzulocken.

Der Stab kann auch ein Bild sein für das Bewusstsein, für den Verstand. Ich muss mit den zu Fels gewordenen Gefühlen ins Gespräch kommen, damit sie sich wandeln können. Ich habe – um im Bild des Märchens zu sprechen – mit den bellenden Hunden zu reden, damit sie mir den Schatz im eigenen Haus verraten.

IV

Wege der Verwandlung

Die Bibel zeigt uns am Beispiel einiger Personen, wie ein Mensch sich auf seinem Lebensweg wandeln kann. Das Alte Testament beschreibt uns die Wandlungswege eines Abraham, eines Jakob, eines David, eines Elija, eines Jeremia, einer Judith, einer Esther und vieler anderer Richter und Richterinnen sowie Propheten und Prophetinnen.

Im Neuen Testament können wir die Wandlungsprozesse bei Petrus und Paulus, bei Maria, der Mutter Jesu und bei Maria von Magdala, der »Apostolin der Apostel« (so Augustinus), beobachten. In all diesen Personen können wir uns wiederfinden. Ich möchte nur drei Männer und eine Frau herausgreifen, bei denen der Wandlungsweg am ausführlichsten beschrieben wird: Jakob, Elija, Paulus, Maria von Magdala.

1 Jakob – Israel

Der Weg des Jakob (das heißt: Betrüger) zu Israel (das heißt: Gottesstreiter) ist der Wandlungsweg, den uns die Bibel am ausführlichsten schildert. Der Betrug Jakobs beginnt damit, dass er seinem Bruder das Erstgeburtsrecht um ein Linsengericht abkauft. Jakob geht mit Raffinesse seinen Weg. Mit seiner Schlauheit verschafft er sich alle Vorteile, die er für sich entdeckt hat. So erschleicht er sich den Segen seines Vaters, der ihn in seinem Lebensweg bevorzugt gegenüber dem Schicksal seines Bruders. Dabei hilft ihm seine Mutter. Offensichtlich war Jakob der Liebling seiner Mutter. Dem »Muttersöhnchen« räumt die Mutter die Hindernisse weg, die ihm im Weg liegen. Jakob meint, sich durch Schlauheit und Raffinesse durchs Leben schlängeln zu können. Doch das gelingt nicht. Man kann Wandlung nicht durch das erreichen, was man haben, was man erwerben, was man sich erarbeiten kann, sondern nur »dadurch, dass man lieben kann, jemanden lieben kann« (Funke 16).

Jakob bekommt nun die Reaktion des betrogenen Bruders zu spüren, der ihn umbringen will. Da entzieht er sich der Konfrontation mit seinem dunklen Bruder, mit seinem eigenen Schatten. Er läuft nicht nur vor seinem Bruder, sondern auch vor sich selbst davon. Als er sich auf der Flucht einen Stein als Kopfkissen zurechtmacht und darauf schläft, begegnet Gott ihm im Traum.

Im Traum sieht er eine Leiter, die von der Erde bis in den Himmel reicht. Auf ihr steigen Engel auf und nieder. Und er sieht Gott, der zu ihm spricht: »Ich bin mit dir, ich behüte dich, wohin du auch gehst, und bringe dich zurück in dieses Land. Denn ich ver-

lasse dich nicht, bis ich vollbringe, was ich dir versprochen habe.«
(Gen 28,15) Der Traum ist der Anfang der Wandlung, die Jakob
an sich erfahren wird. Jetzt wird er mit seiner Seele, mit seinem
Unbewussten und darin mit Gott selbst konfrontiert. Im Traum
ahnt er, dass er sich nicht mehr alles mit List und Tücke erkaufen
muss, sondern dass Gott selbst mit ihm ist. Gott wirkt Segen, nicht
Jakobs eigene Schlauheit. Hier bricht Gott selbst in sein Leben ein
und wandelt es. Der Weg, den er nun zu gehen hat, ist Gottes Weg,
es ist ein Weg, auf dem Gott ihn begleitet und segnet, auf dem er
ihn durch schmerzliche Erfahrungen wandeln wird, bis er wahr-
haft für andere zum Segen werden kann.

Der Stein, den sich Jakob unter den Kopf legt, könnte ein Bild
sein für die Stolpersteine, die uns im Weg liegen. Gerade dort, wo
es steinig wird, wo es auf unserem Weg Hindernisse gibt, wo uns
jemand einen Stein in den Weg gelegt hat, gerade dort kann sich
auch für uns der Himmel öffnen. Wir müssen nur wie Jakob auf
die Träume hören. Die Steine, die uns im Weg liegen, zwingen uns,
uns nach innen zu wenden. Außen gibt es keinen Weg. Aber im
Innern da zeigt uns Gott den wahren Weg unseres Lebens auf: den
Weg des Segens und der Verheißung, den Weg, auf dem er selbst
uns begleitet und führt.

Als Jakob aufwacht, überkommt ihn Furcht und er sagt: »Wie
ehrfurchtgebietend ist dieser Ort! Hier ist nichts anderes als das
Haus Gottes und das Tor des Himmels.« (Gen 28,17) Der Ort sei-
ner Flucht und seines Schlafes wandelt sich zum Ort Gottes. Und
Jakob, der nur an sich und sein Leben denkt, spürt auf einmal
Furcht. Er wird von Gott im Herzen getroffen. Er, der beziehungs-
los davonlief und nur an sein Leben dachte, kommt auf einmal in
Beziehung zu Gott.

Und er tritt in Beziehung zu dem Ort, zu dem Stein, auf dem er gelegen ist. Er salbt ihn mit Öl, er geht mit dem harten Stein sanft um. Und der Stein – der Stolperstein – wird verwandelt, er wird zum Erinnerungszeichen für Gottes Gegenwart und Segen.

Die Liturgie von Kirchweih singt diesen Satz des Jakob als Introitus. Sie versteht ihn als Ausdruck der Verwandlung eines irdischen Hauses in das Haus Gottes. Da die Kirche aber nicht nur das Haus aus Stein ist, sondern wir selbst, so besingen wir so unsere eigene Verwandlung. Und ich kann darin die Wandlung meines Lebenshauses in das Haus Gottes ausdrücken. Das ist das Geheimnis der Verwandlung, dass Gott selbst in mein Haus eintritt, in das ich mich oft eingeschlossen habe, und dass er in meinem Haus eine Leiter aufstellt, die bis zum Himmel reicht und in mir Himmel und Erde verbindet. Diese Gewissheit von Gottes Gegenwart in meinem Haus ist das Fundament, auf dem die Verwandlung meines Lebens geschehen kann.

Nach außen hin erscheint Jakob noch nicht verwandelt. Er geht weiterhin seinen Weg der List und Tücke. Aber nun spielt ein anderer mit ihm und betrügt ihn. Laban, sein Schwiegervater, gibt ihm nicht Rahel, um die er sieben Jahre lang gedient hat, sondern Lea, deren Augen matt waren. (Vgl. Gen 29,17) Das erste Mal in seinem Leben bekommt Jakob nicht das, was er wollte. Ein anderer macht mit ihm, was er will. Doch Jakob nimmt die Herausforderung an. Er dient nochmals sieben Jahre um Rahel. Aber wieder erfährt er, dass er sein Leben nicht selbst in der Hand hat. Rahel ist unfruchtbar.

Erst nachdem Jakob schon zehn Kinder hat, öffnet Gott auch den Schoß der Rahel. Sie gebiert Josef. Jetzt will Jakob wieder nach Hause. Und er zahlt dem Laban seinen Betrug heim. Er ist schlauer als er und betrügt ihn mit seinem Besitz. Mit seiner ganzen Habe zieht er heim.

Nun aber wird ihm gemeldet, dass sein Bruder Esau ihm entgegenziehe. Nun bekommt er Angst. Jetzt hilft ihm seine Schlauheit nicht weiter. Er wird konfrontiert mit seinem eigenen Schatten. Denn Esau ist nicht nur sein Bruder. »Er ist zugleich schmerzliche Erinnerung an alles Verdrängte, an alles Unbewältigte und Unversöhnliche ... Symbol für das, worauf Jakob zu antworten nicht in der Lage ist. Zu lange hatte er auf das Leben seines Bruders, auf die Frage, die mit diesem Leben verbunden war, nicht mehr geantwortet und dadurch war ihm der Bruder fremd und bedrohlich geworden.« (Funke 16f)

Spätestens in der Lebensmitte können wir vor unserem Schatten nicht mehr davonlaufen. Da wird das, was wir verdrängt und von uns abgespalten haben, zu einem uns ständig bedrohenden »Angstpotential«. »Wir könnten auch von ungelebtem Leben sprechen. Wo viel ungelebtes Leben vorliegt, wächst die Unfähigkeit zur Wandlung.« (Funke 17)

Die Bibel schildert uns die Konfrontation Jakobs mit seinem Schatten und seine innere Wandlung in der berühmten Szene am Jabbok vom nächtlichen Zweikampf mit Gott. Jakob kommt an einen Fluss. Ein Fluss steht oft für den Übergang in eine neue Lebensphase, für innere Wandlung, für Wiedergeburt. »Geburt ist schmerzlich, schmerzlicher Prozess eines nach Wandlung strebenden Lebens.« (Funke 18)

Jakob bringt seine Frauen und allen Besitz über den Fluss und bleibt allein zurück. Jetzt nützen ihm weder seine Frauen noch sein Besitz. Einsam und allein muss er sich seiner Wahrheit stellen. Und Jakob ist bereit. In dieser Nacht reift er zum Mann. Die Reifung stellt uns die Bibel als Kampf dar. Verwandlung kann man nie so nebenbei haben, sie ist immer Kampf. Ein dunkler Mann tritt Jakob entgegen und kämpft mit ihm. Er scheint mit Gott nichts zu tun zu haben. Jakob kann ihm nicht mehr mit List ausweichen. Er muss kämpfen. Und er kämpft um sein Leben, »bis die Morgenröte aufstieg.« (Gen 32,25) »Als der Mann sah, dass er ihm nicht beikommen konnte, schlug er ihn aufs Hüftgelenk.« (Gen 32,26) Jakob wird bei seinem Kampf verwundet. Er geht gezeichnet heraus. Nach außen hin wird er schwächer. Seine alte Sicherheit, die ihm sein Verstand gegeben hat, ist dahin. Er ist seiner Ohnmacht begegnet. Aber gerade so wird er zum Stammvater für viele.

Dann gibt es das nächtliche Zwiegespräch zwischen ihm und dem Mann, der mit Jakob ringt. Auf die Bitte des Mannes, ihn loszulassen, weil die Morgenröte aufsteigt, antwortet Jakob: »Ich lasse dich nicht los, wenn du mich nicht segnest.« (Gen 32,27) Das, was ihn verwundet, soll ihn auch segnen. Die äußerste Bedrohung soll ihm auch zum Segen werden. Der Mann fragt Jakob nach seinem Namen, nach seiner Identität. Er muss bekennen, dass er ein Betrüger ist, er hat zu seiner Vergangenheit zu stehen und sich zu seiner Schuld zu bekennen.

Da gibt ihm der Mann einen neuen Namen: »Nicht mehr Jakob wird man dich nennen, sondern Israel (Gottesstreiter); denn mit Gott und Menschen hast du gestritten und hast gewonnen.« (Gen 28,29) Jakob hat sich der Dunkelheit, dem Schatten, dem, was ihn durchkreuzte, was ihn berührte und unbedingt anging, gestellt und er hat darin Gott selbst erfahren, der ihn nun segnet.

In der Begleitung habe ich es einmal erlebt, wie ein Mann am Ende zu sein schien, weil er als Lehrer beschuldigt wurde, den Kindern gegenüber übergriffig gewesen zu sein. Seine Existenz stand auf dem Spiel. Alles schien aussichtslos. Und es hatte scheinbar nichts mit Gott zu tun, sondern nur mit seiner Schuld. Aber als er sich seiner Schuld auf dem Hintergrund dieses nächtlichen Zweikampfs stellte, da spürte er, dass darin eine Chance zum Neuanfang lag. Er merkte, dass ihn Gott selbst darin berührt und verletzt hatte, damit er nun nicht mehr an sich und seiner Wahrheit vorbeilebte, sondern zum Gottesstreiter werde, zu einem Mann, der sich auch seiner Schwachheit stellt und der sich verwunden lässt. Wenn er sich dem Dunklen und Bedrohlichen in seinem Leben stellt, dann wird es für ihn zum Segen, ja er wird wie Israel für andere zum Segen werden. Und er wird mit Israel bekennen: »Ich habe Gott von Angesicht zu Angesicht gesehen und bin doch mit dem Leben davongekommen.« (Gen 32,31)

Günter Funke fasst die Wandlungsgeschichte Jakobs am Jabbok so zusammen: »Jakob, das ist der Name für eine unruhige, suchende, zweifelhafte Lebensgeschichte und eine ebenso zweifelhaft gespaltene Identität. Aber so soll es nicht bleiben, und doch ist es wichtig, sich auch der eigenen Lebensgeschichte zu stellen. Wir können uns nicht dadurch wandeln, dass wir uns selbst davonlaufen. Dann werden wir abgehoben und Abgehobenheit verändert das Leben nicht. Jakob muss seine Biographie, seine Identität anschauen und sich mit sich selbst auseinandersetzen. Nur so reift die Persönlichkeit. Jakob muss sich anschauen, seinen Charakter, sein Gewordensein, sein festgelegtes Leben, und doch bedeutet dieses Anschauen nun nicht resignatives Feststellen: so bin ich halt, da kann man nichts machen. Solche Aussagen hören sich wie selbstgesprochene Verurteilungen an. Und wie oft verurteilen wir uns selbst. Zu Jakob aber spricht eine fremde, unbekannte Gestalt, aber eine freie und starke Gestalt. Und das brauchen wir manchmal, dass uns jemand etwas zusagt, was wir uns selbst nicht mehr sagen können. Und diese dunkle Gestalt spricht dem Jakob einen neuen Namen zu, und in diesem neuen Namen hat das Ringen und Kämpfen seinen Platz. Stark ist er geworden, weil er der Konfrontation nicht ausgewichen ist. Stark ist er geworden, weil er sich angeschaut hat, weil er sein Leben in die Hand genommen hat. So geht ein Ringen zu Ende, ein Prozess der Wandlung, in dem es nicht um Sieg oder Niederlage geht, sondern um etwas viel kostbareres, um das Anders- beziehungsweise um das Heilwerden. Hat Jakob sich gewandelt? Die Erzählung weiß zu sagen, dass er verletzt ist. Hinkend trat er ans andere Ufer. Verletzt und doch heil? Was mag das Hinken bedeuten? Ich meine er ist langsamer geworden, vielleicht behutsamer, vielleicht einfühlsamer, auf jeden Fall fähig zur Begegnung mit dem Bruder, die jetzt nicht mehr von der Angst diktiert ist, sondern von der Freiheit. Vor allem ist Jakob ganz er selbst geworden.« (Funke, 20f)

Die Bibel beschreibt die Wandlung des Jakob in den einfachen Worten: »Die Sonne schien bereits auf ihn, als er durch Penuel zog; er hinkte an seiner Hüfte.« (Gen 32,32) Die Nacht ist verflogen. Die Dunkelheit hat sich in Licht verwandelt. Die nächtliche Wandlung wird nun bei Tage besehen, mit dem Verstand beleuchtet, damit sie alle Bereiche des Leibes und der Seele durchdringt. Jakob zieht durch die Furt. Er überquert den Fluss, der ihn vom anderen Ufer trennt.

Es ist eine Geschichte der Lebensmitte, die hier erzählt wird. Für das Leben jenseits des Ufers, für das Leben in der zweiten Lebenshälfte genügt es nicht mehr, sich nur mit dem Verstand, nur mit Schlauheit und List durch das Leben zu schlängeln. Da müssen wir uns der Wahrheit stellen, da müssen wir die Furt durchschreiten. Und wir werden durch die Auseinandersetzung mit dem eigenen Schatten verletzt wie Jakob, der an der Hüfte hinkt. Wir werden nicht mehr die alte Sicherheit und Stärke haben. Es bleibt nicht mehr alles beim Alten. Wir sind gezeichnet: Die Verletzung bleibt.

Aber sie hindert uns nicht an unserem Weg. Sie ist vielmehr Erinnerungszeichen, dass wir Gott begegnet sind, dass er unser Leben verwandelt hat, dass es nun echt und authentisch geworden ist und wir nun wie Israel zum Segen für andere werden können, weil uns Gott gesegnet hat, dass wir zum Stammvater vieler werden dürfen, weil wir nicht mehr auf uns, sondern auf Gott, unseren Vater, als den wahren und tragfähigen Grund unserer Existenz bauen.

2 Der Prophet Elija

Elija war ein Mann voller Leidenschaft für Jahwe, den Herrn Israels. Er ließ sich von ihm in Dienst nehmen und schleuderte die Worte des Herrn dem König Ahab entgegen. Er verkündet ihm, dass weder Tau noch Regen fallen werden. (Vgl. 1 Kön 17,1) Dann verbirgt er sich vor dem König, der ihn überall suchen ließ, um ihn zu töten. Die Raben bringen ihm Brot und Fleisch und er trinkt aus dem Bach Kerit. Er ist im Einklang mit der Schöpfung, die ihm dient, während Ahab, der der Göttin der Fruchtbarkeit dient, mit Unfruchtbarkeit bestraft wird.

Wer alles auf Erfolg und Leistung setzt, für den wird das Leben leer und unfruchtbar. Elija lebt einsam, er muss sich vor dem verfolgenden König verstecken. So hat er keine Heimat. Immer wieder versteckt er sich an anderen Orten. Heimatlos und einsam hält er doch am Jahweglauben fest, er vertraut darauf, dass Jahwe segnet und heilt.

Als das Wort des Herrn an Elija ergeht, wagt er sich aus seinem Versteck und geht dem König entgegen. Er fordert ihn auf, die Propheten des Baals und der Aschera, die Propheten des Erfolgs und des Geschäfts, der Fruchtbarkeit und des Wachstums, auf dem Berg Karmel zu versammeln. Dort soll Gott selbst urteilen, welcher Glaube zum Leben führt: der Glaube an Jahwe, den Befreier aus der Gefangenschaft, oder der Glaube an Baal, den Gott der Fruchtbarkeit.

Die vierhundertfünfzig Baalspropheten bestürmen Gott, schreiend und rasend. Sie verletzen sich selbst dabei und steigern

sich immer mehr in einen Rausch hinein bis hin zur Selbstauflö-
sung. Nun lädt Elija das ganze Volk ein, sich vor dem Altar Jahwes
zu versammeln. Er braucht nicht die Ekstase. Er vertraut auf Gott,
dass er ihn erhört. Auf seine Bitte hin verzehrt das Feuer den Stier,
das Holz, die Steine und die Erde. Da lässt Elija die Baalspropheten niedermetzeln. Wer nicht dem wahren Gott dient, der muss
sterben. Elija duldet keinen Kompromiss, er tritt für den reinen
Jahweglauben ein.

Man möchte meinen, Elija sei auf dem Höhepunkt seines Erfolgs und könne seinen Sieg nun feiern. Doch das Gegenteil geschieht. Als Isebel, die Frau des Ahab, einen Boten zu ihm schickt
und ihm den Tod androht, gerät er in Angst. Er, der vorher ohne
jede Angst dem König gegenübergetreten ist, der allein gegen die
vierhundertfünfzig Baalspropheten kämpfte, er flieht in die Wüste
und wünscht sich den Tod. Er setzt sich unter einen Ginsterstrauch
und sagt: »Nun ist es genug, Herr. Nimm mein Leben; denn ich bin
nicht besser als meine Väter.« (1 Kön 19,4)

Elija hat gegen den Baalskult gekämpft, jetzt kann er nicht
mehr und möchte am liebsten sterben. Jetzt spürt er, dass das,
was er in den Baalspriestern bekämpft hat, auch in ihm selbst ist.
Die Baalspriester stehen für die Sucht nach Erfolg. Elija spürt, dass
er in seinem Eifer für den reinen Jahweglauben genauso von der
Suche nach Erfolg geprägt ist. Und er merkt, dass sich sein Glaube
wandeln muss. Sein Glaube war zu sehr mit dem Gefühl des Recht-
habens verknüpft. Glauben heißt Vertrauen. Wer wirklich glaubt,
weiß immer auch um seinen Unglauben. Wer den eigenen Unglauben verdrängt, agiert ihn anderen gegenüber aus.

Gegen die vierhundertfünfzig Baalspriester hat Elija gesiegt.
Vor Isebel hat er Angst. Isebel steht für seinen Schatten. Es ist

ein weiblicher Schatten, den Elija in seinem Idealismus verdrängt hat. Im Kampf für das Gute schlagen viele Männer ihren eigenen Schatten nieder. Doch das gelingt nie ganz. Elija kann jetzt seinem Schatten nicht mehr ausweichen. Er ist enttäuscht über sich selbst. Seine ganze Askese, sein verzweifelter Kampf um Sündenreinheit, um Lauterkeit und Klarheit, war umsonst. Es hat nichts genutzt.

Die Fehler und Schwächen lassen sich nicht ausradieren. Solche Menschen wie Elija haben vor lauter Begeisterung für den reinen Glauben und für den wahren Gott ihren eigenen Schatten verdrängt. Sobald sie aber durch irgendein Ereignis oder durch einen Menschen wie Isebel mit ihrem Schatten konfrontiert werden, fallen sie in Depression und möchten nicht mehr weiter.

Die Situation des Elija ist auch typisch für die Krise der Lebensmitte. Man hat sich für andere verausgabt, man hat für die gute Sache gekämpft, man hat sich bemüht, anständig zu sein und in die Kirche zu gehen. Aber es hat alles keinen Zweck gehabt. Jetzt ist man einfach nur enttäuscht, das Kämpfen hat einen mürbe gemacht. Jetzt will man nicht mehr weiter. Kein Kampf mehr, nicht nochmals von vorne anfangen. Irgendwann reicht es einem einfach. Die Szene 1 Kön 19,1–13 zeigt die Verwandlung des Elija und deutet uns damit einen Weg für unsere eigene Verwandlung an. Enttäuscht über sich legt sich Elija unter den Ginsterstrauch, um zu sterben. Ja, es war fast Selbstmord, allein in die Wüste zu gehen.

Doch der Selbstmord gelingt nicht. Elija kann nicht für immer einschlafen. Ein Engel rührt ihn an und spricht zu ihm: »Steh auf und iss!« Elija isst von dem Brot, das in glühender Asche gebacken war, und trinkt von dem Wasser, das in einem Krug neben ihm steht. Von selbst findet er keine Nahrung mehr in seinem Leben.

Er braucht einen Engel, der ihn anstößt und ihm die Augen öffnet für das Brot, das in der Asche seiner verbrannten Hoffnungen und Leidenschaften gebacken ist.

Doch weder der Engel noch Brot und Wasser können den Elija auf den Weg bringen. Er isst und trinkt und legt sich wieder hin. Er lässt sich helfen, aber er tut selbst keinen Schritt nach vorne. Zu sehr schmollt er noch Gott und den Menschen, die ihn bekämpfen. Zu sehr ist er noch in seiner Enttäuschung gefangen, als dass ihn der Engel daraus befreien könnte. Wieder schläft er ein, um zu sterben. Er mag einfach nicht aufstehen. Er mag nicht wieder kämpfen. Er spürt noch keine Kraft für die Schritte, die von ihm gefordert sind.

Doch da rührt ihn der Engel des Herrn zum zweiten Mal an: »Steh auf und iss! Sonst ist der Weg zu weit für dich.« (1 Kön 19,7) Jetzt steht Elija auf, isst und trinkt und wandert in der Kraft dieser Speise vierzig Tage und vierzig Nächte bis zum Berg Horeb. Sein Weg geht durch die Wüste. Er muss noch einen langen Weg gehen, den Weg eines ganzen Lebens (das bedeuten hier die vierzig Tage, vierzig Jahre), bis er sich wandernd wandelt und wieder offen wird für Gott. Er muss durch die Wüste, in der er allein ist mit sich selbst, in der er schonungslos mit sich konfrontiert wird, ohne Ablenkung, ohne Ausweichmanöver.

Als Elija am Berg Horeb ankommt, geht er in eine Höhle, um dort zu übernachten. Eine Höhle drückt Geborgenheit aus, sie ist ein Bild für den Mutterschoß, in den man sich zurückziehen möchte. Elija will nach dem langen Weg durch die Wüste, auf dem er allen Unbilden der Witterung ausgesetzt war, endlich wieder ausruhen dürfen, endlich sich fallen lassen, geborgen und daheim sein. Jeder braucht so seine Höhle, in die er sich zurückziehen kann, in der ihn niemand erreichen kann, in der er nichts leisten muss, sondern einfach daheim sein kann.

Dies ist die Sehnsucht nach Regression, sie verweist zurück zum Zustand des Kindes, das behütet ist und noch nicht kämpfen muss, für das gesorgt wird. Hier ist das zweite Gottesbild, das bei Elija verwandelt wird. Es ist das Gottesbild der mütterlichen Höhle, in der ich mich geborgen fühle. Gott hat diese mütterliche Atmosphäre, in der wir uns daheim fühlen. Doch wenn wir Gott nur so sehen, dann benutzen wir ihn zum eigenen Wohlfühlen.

Elija kann nicht lange in der Höhle bleiben. Gott lässt ihm keine Ruhe. Er ruft ihn an: »Was willst du hier, Elija?« (1 Kön 19,9) Elija hält Gott vor, was er für ihn getan hat. Voller Leidenschaft hat er für ihn gekämpft und was ist nun der Lohn? Alle sind vom Glauben abgefallen, er ist allein übrig geblieben und nun trachten sie auch ihm nach dem Leben. Es ist zu viel für ihn, gegen alle Welt zu kämpfen. Er kann nicht mehr und er will auch nicht mehr.

Gott hört sich sein Jammern an, aber er bleibt unbeeindruckt davon. Er befiehlt ihm: »Komm heraus, und stell dich auf den Berg vor den Herrn!« (1 Kön 19,11) Elija muss heraus aus der Höhle, heraus aus der Geborgenheit, heraus aus der Regression. Gott ist nicht nur der, bei dem wir uns wohl fühlen, zu dem wir vor den Menschen fliehen. Gott ist auch die Wahrheit, die uns herausfordert. Wir müssen uns der eigenen Wahrheit stellen, uns den Herausforderungen des Lebens stellen, auf den Berg gehen, auf dem uns der Wind um die Nase weht. Nicht in der Höhle wird Gott uns verwandeln, sondern nur, wenn wir uns dem Leben und der eigenen Wahrheit stellen.

Gott zieht nun an ihm vorüber. Ein starker Sturm, ein Erdbeben und Feuer gehen ihm voraus, aber Gott ist weder im Sturm, noch im Erdbeben noch im Feuer. Jahwe zeigt dem Propheten, dass weder sein Gottesbild noch sein Selbstbild richtig sind. Gott ist nicht ein Gott des Sturmes, der alles Böse aus der Welt wegfegt. Und er will auch nicht einen Menschen, der in seiner Begeisterung einfach losstürmt. Es ist gut, sich für Gott zu begeistern. Aber die Euphorie kann auch zur Flucht werden vor der eigenen Wirklichkeit.

Der Gott des Feuers steht für den Perfektionisten, der alles Unreine ausbrennt und alle Fehler austilgt. Gott kann im Feuer erscheinen, so wie am brennenden Dornbusch. Aber er ist nicht immer das Feuer.

Gott ist auch nicht ein Gott des Erdbebens. Er bricht nicht alles auseinander und wirft nicht alles durcheinander. Er will auch nicht den Menschen, der alles entzweibricht, der absolute Gegensätze aufbaut. Das Erdbeben steht für das Bild von einem Gott, der alles Böse ausrottet. Und es steht für das Selbstbild von Menschen, die am liebsten alles Böse aus der Welt ausrotten wollen und dabei selbst böse werden. Es ist eine dreifache Wandlung des Gottesbildes und des Selbstbildes, das Elija hier über sich ergehen lässt.

Und dann erscheint Gott dem Elija im sanften leisen Säuseln des Windes, in der »Stimme verschwebenden Schweigens«, wie Martin Buber übersetzt, in der »Stimme einer leisen Stille«, im »Wehen der Windstille«.

Gott ist nicht der polternde und donnernde Gott, den sich Elija vorgestellt hat, sondern ein leiser, zärtlicher, behutsamer, feinfühliger, sanfter und milder Gott. Im Schweigen zerbrechen alle Bilder, die ich mir von Gott gemacht habe, und Gott erscheint jenseits aller Bilder.

Diesen Gott der leisen Töne kann ich nur erfahren, wenn ich selbst nach innen horche, schweigend, zärtlich und behutsam vor der Höhle stehe und wie Elija in die Stille hineinhorche, mein Gesicht mit dem Mantel umhüllt. Ich kann Gott nicht sehen, wie er ist, ich kann ihn nur erahnen, erspüren, wenn ich ganz bei mir bin, gesammelt, eingehüllt in den schützenden Mantel, der meine Augen bedeckt und mich zwingt, nach innen zu sehen.

Gott hat den Propheten in dieser wunderbaren Szene verwandelt, er hat aus einem polternden und eifernden, aus einem harten und tötenden Menschen einen sanften und milden, einen horchenden und zärtlichen Menschen gemacht. Er hat sein Gottesbild und sein Selbstbild verwandelt.

Elija spürte, dass er nicht mehr aus eigener Kraft leben konnte. Weder sein Wille noch sein Mut konnten ihm weiterhelfen. Er brauchte einen Engel, der ihn auf eine andere Speise hinweist, auf die Speise, die Gott ihm gibt. Die Kirchenväter haben diese Szene eucharistisch verstanden. In der Eucharistie reicht Gott uns das Brot der Engel, da rührt er uns an und gibt uns den Leib und das Blut seines Sohnes zur Speise und zum Trank.

Verwandlung können wir nicht selbst bewirken. Wir brauchen einen Engel, der uns anstößt, einen Menschen, der uns anspricht, der uns die Augen öffnet, der uns das Brot und das Wasser zeigt, das schon dasteht. Und wir brauchen Gott selbst, der uns behutsam den Weg durch die Wüste führt und uns durch alle Stürme und Beben unseres Lebens hindurch für das sanfte Säuseln seiner liebenden und heilenden Gegenwart öffnet.

Elija war ein leidenschaftlicher Mensch. Und Gott hat seine Leidenschaften verwandelt, bis er schließlich im Wirbelsturm auf einem feurigen Wagen zum Himmel fährt. Gott handelt nicht an der Natur des Menschen vorbei. Er benutzt die Anlagen eines Menschen, um ihn gerade darin für sich durchlässig zu machen.

Verwandlung der Leidenschaften könnte nach der Elijageschichte für uns bedeuten, dass wir uns aussöhnen mit unseren Leidenschaften, mit unserer Impulsivität, mit unserem Zorn, mit unserer Eifersucht, mit unserer Angst und Traurigkeit. Wie Elija müssen wir uns in unsere Traurigkeit und Depression bis zu ihrem Grund hineinlassen und sie durchleiden. Gerade wenn wir am Boden sind, kann Gott durch einen Engel unsere Traurigkeit und Verzweiflung in neue Kraft und Hoffnung verwandeln. Wir können unseren Zorn und unsere Aggressionen nicht verleugnen. Durch sie hindurch gelangen wir zur Gelassenheit und zur Stille, die auf Gott horcht.

Gott hält dem Elija im Sturm und Feuer und im Erdbeben seine Leidenschaften wie in einem Spiegel vor Augen. Und Elija muss in diesen Spiegel hineinschauen, um sich von diesem Selbstbild, das ihn bisher geprägt hat, zu distanzieren, um am Grund dieser Leidenschaften eine neue Qualität des Lebens zu lernen: das sanfte und milde, das stille und behutsame Hinspüren auf das Säuseln des Windes, in dem Gott selbst erscheint.

Was mit Elija geschehen ist, durfte ich bei einem Priester erleben, der nach zehn Jahren Dienst für die anderen auf einmal mit seiner Wut in Berührung kam. In ihm stieg eine starke Wut darüber hoch, dass er zehn Jahre lang nur die Erwartungen anderer erfüllt habe – und zuvor schon immer die Erwartungen seiner Mutter. Er rebellierte und agierte seine Wut im Wald aus, indem er sie herausschrie und einiges zerbrach, was ihm in den Weg kam. Da spürte er auf einmal neue Lust am Leben, neue Lust auf seine Arbeit als Seelsorger. Auf dem Grund seiner Wut entdeckte er den Schatz neuer Lebendigkeit. Seine Wut verwandelte sich in neue Kraft, in Fantasie und Kreativität, in Freude am Formen und Gestalten.

Wenn er seine Wut nur unterdrückt hätte, wäre er irgendwann einmal aus dem Haus seines Lebens ausgeschlossen worden. Er hat mit ihr gesprochen, wie mit den bellenden Hunden. Und sie hat ihn zum Schatz geführt. Oder in der Sprache der Elijageschichte: Der Eifer für Gott hat ihn in eine tiefe Krise geführt. Er spürte keine Kraft mehr. Er entdeckte auf einmal in seinem Eifer für Gott und in seinem Dienst für die anderen eine tiefe Wut gegen sich selbst und gegen alle, denen er gedient hatte. Wenn wir unseren Ärger zu lange unterdrücken oder fromm umdeuten, werden wir irgendwann wie Elija ärgerlich über alle Menschen und wütend gegen Gott, der uns diese Situation zugemutet hat.

Der Priester wurde durch die über lange Zeit hin unterdrückte Wut in die Wüste, in die Ohnmacht geführt. Er hatte keine Kraft mehr. Als er sich dieser Kraftlosigkeit stellte, entdeckte er neben seinem Kopf die neue Nahrung, von der er leben konnte: die Nahrung des Gebetes und der Meditation, die Nahrung, die aus der inneren Quelle in ihm strömte. Und nach einem langen Weg verwandelte sich seine Wut in Lust am Leben, in Fantasie für ein gesundes und sanftes Leben, für eine Seelsorge, die nicht mehr lospoltert und nicht mehr mit aller Energie loslegt, sondern die horchend und behutsam auf die Menschen eingeht.

So gibt uns die Elijageschichte das Vertrauen, dass alle unsere Leidenschaften einen Sinn haben, dass sie uns auch über Umwege und Irrwege hindurch zu Gott führen, der sie uns verwandelt, indem er uns in Siege und Niederlagen führt, in Erfolge und Misserfolge, in Kraft und Ohnmacht. Es gibt kein Programm, wie wir unsere Leidenschaften verwandeln können. Gott tut es. Wir müssen nur der Spur unserer Leidenschaften folgen, dann werden sie uns durch die Wüste hindurch zum Gottesberg Horeb führen.

3 Saulus – Paulus

Saulus war ein leidenschaftlicher Mensch, ein Eiferer für das Gesetz, ein Verteidiger der überlieferten Bräuche und Gewohnheiten, voll von religiöser Leidenschaft. Er nennt sich selbst einen Eiferer für Gott. (Vgl. Apg 22,3) Er bekennt von sich: »Ich war untadelig in der Gerechtigkeit, wie sie das jüdische Gesetz vorschreibt.« (Phil 3,6) »In der Treue zum jüdischen Gesetz übertraf ich die meisten Altersgenossen in meinem Volk, und mit dem größten Eifer setzte ich mich für die religiösen Überlieferungen meiner Väter ein.« (Gal 1,14)

Mit achtzehn Jahren war Saulus aus der Diaspora nach Jerusalem gekommen, um von Gamaliel »genau nach dem Gesetz der Väter ausgebildet« (Apg 22,3) zu werden. Als Eiferer für das Gesetz bekämpft er die junge christliche Gemeinde, die sich auf Jesus beruft, der doch für Saulus nur ein falscher Messias sein kann. Saulus ist dabei, als man Stephanus zu Tode steinigt. Nun zieht er nach Damaskus, um die dortigen Christen gefangen zu nehmen und nach Jerusalem zu bringen, damit sie dort gesteinigt würden. Diesen engen fanatischen Menschen verwandelt Gott in den leidenschaftlichsten Verkünder der Frohen Botschaft von der unverdienten Gnade, die uns in Jesus Christus zuteilwird.

Lukas beschreibt uns diese Verwandlung: »Unterwegs aber ... geschah es, dass ihn plötzlich ein Licht vom Himmel umstrahlte. Er stürzte zu Boden und hörte, wie eine Stimme zu ihm sagte: Saul, Saul, warum verfolgst du mich?« (Apg 9,3f) Psychologisch geschieht die Verwandlung des Saulus dadurch, dass er mit seinen Prinzipien, mit seinem festgefügten Lebensgebäude zu Boden stürzt. Er, der die Normen des Gesetzes hochgehalten hat, fällt unter ihrer Last zu Boden. Es war zu viel, was er mit seinem Willen aufrecht gehalten hat. In ihm war noch eine andere Tendenz: die Ahnung, dass man so auf Dauer gar nicht leben könne.

Auf dem Höhepunkt seiner Wut, mit der er gegen die Christen kämpft, begegnet ihm Christus und verwandelt seine Wut in Liebe, seine Selbstgerechtigkeit in Ohnmacht, seine Sicherheit in Blindheit. Saulus hat selbst nichts dazu getan, dass sich seine Wut verwandelt hat. Er hat sie nur bis zum Exzess ausgelebt. Offensichtlich kann die exzessiv ausgelebte Leidenschaft auf einmal umschlagen in Liebe und Demut. Dies ist dann nicht das Verdienst des Menschen. Aber in der leidenschaftlich empfundenen Wut kann Gott den Menschen berühren und ihn verwandeln.

Die Verwandlung des Saulus geschieht durch die Begegnung und durch das Gespräch, das Jesus mit seinem Verfolger führt. Auf die Frage, warum er ihn verfolge, antwortet Saulus mit einer Frage: »Wer bist du, Herr?« Er spürt, dass da ein anderer in sein Leben tritt, dass er nicht mehr einfach so weitermachen kann wie zuvor, dass sein bisheriges Lebenskonzept erschüttert wird.

Die Stimme vom Himmel antwortet ihm: »Ich bin Jesus, den du verfolgst.« (Apg 9,5) Christus sagt ihm, wem seine Wut letztlich gilt. Saulus meint, er würde für Gott kämpfen. In Wirklichkeit wütet er gegen Gott und gegen Jesus Christus, seinen Gesalbten. Sein Eifer für Gott ist in Wirklichkeit Wut gegen Gott. Christus deckt ihm seine wirklichen Motive und Absichten auf. Und er zeigt ihm, dass er nicht auf Dauer gegen sein wahres Wesen leben kann: »Es wird dir schwerfallen, gegen den Stachel auszuschlagen.« (Apg 26,14)

Jeder Eifer kann blind werden. Wir fangen gut an, meinen, Gott zu dienen. In Wirklichkeit dienen wir uns selbst und unserem Vorteil. Im Eifer ist immer auch Streben nach Macht. Und in ihm steckt Gewaltsamkeit, Gewalt gegen andere, aber auch gegen sich selbst, gegen die Ahnungen des eigenen Herzens. Schnell können sich lautere Motive in unlautere verwandeln: Liebe in Hass, Eifer in Fanatismus.

Um diese negative Verwandlung wieder umzukehren, muss Christus selbst eingreifen und sich dem Verfolger bemerkbar machen. Wir müssen hier nicht entscheiden, ob das eine objektive Erscheinung war oder ob sich alles in der Psyche des Saulus abgespielt hat. Christus kann ja dem Menschen auch so gegenübertreten, dass er in seiner Seele etwas auslöst, dass er da alte Sicherheiten einstürzen lässt und eine neue Sichtweise schenkt. Entscheidend ist, dass Christus hier dem Saulus entgegengetreten ist und in ihm eine Verwandlung ausgelöst hat, die schließlich für die frühe Kirche von entscheidender Bedeutung war. Der Sturz zwingt Saulus, umzukehren und umzudenken. Mit seinen bisherigen Vorstellungen ist er an eine Grenze gelangt. Die alten Sicherheiten tragen nicht mehr.

Jesus gibt dem zu Boden liegenden Saulus einen Auftrag: »Stehe auf und geh in die Stadt; dort wird dir gesagt werden, was du tun sollst.« (Apg 9,6) Saulus, der bisher nach seinem Willen gelebt und gehandelt hat, wird nun mit einem anderen Willen konfrontiert: mit dem Willen Gottes. Und da er seine Ohnmacht spürt, ist er bereit, sich darauf einzulassen. Doch die Verwandlung braucht ihre Zeit. Als Saulus sich erhebt, spürt er, dass er blind geworden ist. Sein Leben, wie er es bisher verstanden hat, hat sich verdunkelt. Er blickt nicht mehr durch, er weiß nicht mehr ein noch aus.

Die Konsequenz seiner engen Sicht ist die absolute Verdüsterung bis hin zur Blindheit.

Drei Tage lang blieb Saulus blind. Er muss sich von anderen führen lassen. Und Saulus fastet. Er geht ganz nach innen. Außen ist alles für ihn dunkel und unverständlich geworden. Gott zwingt ihn, dass er seinen Blick nach innen richte, um dort die Verwandlung wahrzunehmen, die Gott schon lange vorbereitet hatte. Eine plötzliche Verwandlung hat immer eine lange Zeit der Vorbereitung. Unbemerkt wandelt sich etwas im Unbewussten, bis es auf einmal auch nach außen tritt. Aber auch dann braucht die Verwandlung Zeit, alles im Menschen zu durchdringen.

Christus schickt den Hananias zu Saulus, dass er ihm die Hände auflege, ihn heile und ihn mit Heiligem Geist erfülle. Er bekommt nun einen neuen Namen: »Paulus« (das heißt: der Kleine). Derjenige, der so groß war, bekennt sich nun zu seiner Kleinheit und Ohnmacht. Aber auch damit war die Verwandlung noch nicht abgeschlossen. Paulus nimmt sich drei Jahre lang Zeit, um seine Erfahrung von Damaskus psychologisch und theologisch zu verarbeiten. Er zieht nach Arabien und meditiert in der Wüste, was ihm geschehen ist. Er erkennt, dass Gott selbst an ihm gehandelt hat, dass er ihn seinen Weg geführt und ihm schließlich seinen Sohn Jesus Christus geoffenbart hat.

In dieser Zeit reift Paulus' Theologie von der einmaligen Gnade Gottes, die er uns in Tod und Auferstehung seines Sohnes gezeigt hat. Nicht aufgrund unserer eigenen Gerechtigkeit und Gesetzestreue werden wir gerettet, sondern allein aus der Gnade Gottes. Mit dieser Einsicht kehrt Paulus nach Damaskus zurück. »Drei Jahre später ging ich nach Jerusalem hinauf, um Kephas kennenzulernen, und blieb fünfzehn Tage bei ihm.« (Gal 1,8)

Die Verwandlung des Saulus in Paulus, den Völkerapostel, ist nicht an seinen natürlichen Anlagen und Charaktereigenschaften vorbeigegangen. Paulus war auch nach wie vor ein Eiferer, aber nun für die Freiheit Christi. Seine etwas zwanghafte Charakterstruktur machte ihm auch später zu schaffen. Aber entscheidend war, dass Paulus alle seine Eigenschaften nun in den Dienst des Evangeliums stellte. Er war nach wie vor empfindlich, gewisse neurotische Züge blieben. Aber sie waren im tiefsten verwandelt, sie wurden durchlässig für die Botschaft vom Kreuz Jesu Christi, von dem allein unser Heil kommt.

So dürfen auch wir keine Verwandlung erwarten, die uns von allen Schwächen und Fehlern, von unseren Empfindlichkeiten und Verletzungen befreien würde. Wir werden weiterhin unsere neurotische Struktur behalten, aber sie wird uns nicht mehr am Leben hindern. Das göttliche Leben wird sich vielmehr gerade in unseren Leidenschaften und Wunden offenbaren. Nicht die Leidenschaftsfreiheit ist das Ziel unseres geistlichen Weges, sondern die Verwandlung unserer Leidenschaften, sodass sie dem Leben dienen, sodass sie Gott leidenschaftlich verkünden.

Unsere Wut wird dann nicht mehr blind sein, sondern sie wird eine Kraft sein, mit der wir uns von anderen abgrenzen können und mit der wir das Werk Gottes kraftvoll zu Ende führen werden. Unsere Empfindlichkeit wird nicht einfach verschwinden, aber sie wird uns nicht mehr daran hindern, auf andere zuzugehen. Sie wird vielmehr verwandelt zu Sensibilität für andere, zu Mitleid und Empathie. Und unser Eifer wird verwandelt in Ausdauer und Disziplin auf dem geistlichen Weg und in Durchhalten bei Enttäuschungen und Widerständen.

4 Maria von Magdala

Die Gestalt der Maria Magdalena hat nicht nur die beiden Evangelisten Lukas und Johannes bewegt, sondern seither auch andere viele Männer und Frauen. Neben Maria, der Mutter Jesu, ist Maria die wichtigste Frau im Neuen Testament.

Die Tradition hat mit Maria von Magdala viele Frauengestalten der Bibel verbunden. Eine Tradition sieht in ihr die Sünderin, die zu Jesus vordringt, als er von einem Pharisäer eingeladen war. (Vgl. Lk 7,36–50) Dann würde die Bibel die Wandlung von der Sünderin zur Jüngerin beschreiben. Andere identifizieren Maria von Magdala mit Maria, die mit ihrer Schwester Martha Jesus und seine Jünger gastfreundlich aufgenommen hat. (Vgl. Lk 10,38–42) Doch das sind Spekulationen.

Ich möchte mich an das biblische Bild von Maria von Magdala halten. Und da heißt es bei Lukas, dass einige Frauen, die Jesus von bösen Geistern und von Krankheiten geheilt hatte, sie begleiteten. Darunter war auch »Maria Magdalene, aus der sieben Dämonen ausgefahren waren.« (Lk 8,2) Maria von Magdala begleitete Jesus mit seinen Jüngern auf seinen Wanderungen. Und wie die anderen Frauen unterstützten sie Jesus »mit dem, was sie besaßen« (Lk 8,3). Hier wird Maria von Magdala als eine Frau beschrieben, die von einer Kranken zu einer Gesunden wurde. Es waren sieben Dämonen in ihr. Sie war demnach hin und her gerissen. Sie war lange Zeit sich selbst entfremdet, von fremden Kräften bestimmt. Und sie hat durch Jesus Heilung erfahren. Das hat sie offensichtlich innerlich an Jesus gebunden und sie dankbar gemacht. Heutige

Romane beschreiben Maria von Magdala gerne als Geliebte Jesu. Aber das ist reine Spekulation.

Der Evangelist Johannes schildert uns nun, wie aus der Frau, die nach dem Tod Jesu verzweifelt war und trauerte, eine Apostelin wurde, die erste Botin der Auferstehung, sodass Augustinus sie die »apostola apostolorum« nannte, ein Ehrentitel, der sonst weder einem Mann noch einer anderen Frau zuteilwurde. Johannes beschreibt Maria von Magdala nicht nur als eine trauernde, sondern auch als eine liebende Frau. Das wird in den ersten Versen der Auferstehungsgeschichte in Joh 20 deutlich. Denn die Worte, dass Maria »frühmorgens, als es noch dunkel war« aufstand, um den zu suchen, den ihre Seele liebt, erinnern uns an die Worte aus dem Hohelied der Liebe (vgl. Hld 3,1ff). Dort steht die Braut auch frühmorgens auf, als es noch dunkel ist, um den zu suchen, den ihre Seele liebt.

Maria von Magdala hat Jesus offensichtlich sehr geliebt. Ihm verdankt sie ihr Leben. So ist sie jetzt untröstlich. Sie möchte wenigstens den Leichnam berühren und so ihrer Liebe Ausdruck geben. Doch sie findet das Grab leer. Sie läuft zu den Aposteln zurück und verkündet: »Man hat den Herrn aus dem Grab weggenommen, und wir wissen nicht, wohin man ihn gelegt hat.« (Joh 20,2) Petrus und der Lieblingsjünger laufen um die Wette, um die Worte Marias zu prüfen. Sie gehen in das leere Grab zurück. Petrus versteht gar nichts. Der Lieblingsjünger sieht es und glaubt. Aber dann gehen sie wieder nach Haus.

Maria jedoch bleibt beim Grab. Sie beugt sich in die Grabkammer hinein und sieht auf einmal zwei Engel mit weißen Gewändern dort sitzen. Ihnen erzählt sie mit den gleichen Worten wie den Jüngern, dass man ihren Herrn aus dem Grab weggenommen habe. Dann gibt es eine zweifache Umkehr, eine zweifache Konversion, Umwendung, Umwandlung. Maria wendet sich von den Engeln um und sieht Jesus dastehen, den sie für den Gärtner hält. Ihm stellt sie zum dritten Mal – wie die Braut im Hohelied – die Frage nach dem Herrn, dem man aus dem Grab weggenommen hat. Ihm stellt sie die Frage aber persönlich: »Hast du ihn weggenommen?« Da sagt Jesus zu ihr: »Maria«.

Nun wendet sich Maria zum zweiten Mal um. Zuerst geschieht die Verwandlung von der Fixierung auf das Grab hin zum Leben. Jesus wandelt ihre Sichtweise. Sie sieht in dem Mann nicht mehr den Gärtner, sondern Jesus selbst, den Auferstandenen. Sie spricht Jesus an mit: »Mein Meister«. Jetzt erkennt sie, dass die Liebe, die sie zu Jesus hat, stärker ist als der Tod, dass der Tod sie nicht von dieser Liebe trennen kann. Sie umarmt Jesus und möchte ihn festhalten. Doch Jesus wehrt sie ab: »Halte mich nicht fest; denn ich bin noch nicht zum Vater hinaufgegangen. Geh aber zu meinen Brüdern, und sag ihnen: Ich gehe hinauf zu meinem Vater und zu eurem Vater, zu meinem Gott und zu eurem Gott.« (Joh 20,17) Jetzt wird Maria, die trauernde und weinende Frau, auch zur Apostelin, zur ersten Botin der Auferstehung. Sie geht zu den Jüngern und verkündet ihnen: »Ich habe den Herrn gesehen.« (Joh 20,18) Und sie erzählt ihnen, was Jesus ihr gesagt hat.

Der Evangelist Lukas beschreibt die Verwandlung der kranken zur liebenden Frau. Johannes erzählt uns die Verwandlung einer trauernden und verzweifelten Frau zur ersten Botin der Auferstehung. Die geistliche Tradition hat noch gerne die Verwandlung der Sünderin in eine Heilige hinzugefügt. Ob diese dritte Verwandlung nun dem historischen Befund entspricht oder nicht: Es ist auch ein Motiv, das uns heute durchaus Hoffnung machen kann.

Es ist die Hoffnung, dass auch unsere Krankheit, ob nun körperlich oder seelisch, verwandelt werden kann in Liebe. Es ist die Hoffnung, dass unsere Trauer sich wandelt in den Glauben an die Auferstehung, in den Glauben, dass die Liebe stärker ist als der Tod. Und es ist die Hoffnung, dass es auch keine Sünde in uns gibt, die nicht verwandelt werden kann.

Gerade auch unsere Sünde kann uns für Gott aufbrechen, sodass Gott unseren innersten Kern zu berühren vermag. Bei manchen Frommen – so erzählt es uns Jesus immer wieder – hat Gott keine Chance, das Herz zu berühren. Sie halten ihr Wohlverhalten zwischen sich und Gott. Aber sie werden nie wirklich von Gott berührt. Daher geht Jesus vor allem zu den Sündern. Er fühlt sich berufen, sie zur Umkehr, zur Wandlung zu rufen. Und Jesus vertraut darauf, dass gerade die Sünder offen für seine Botschaft sind und Gott mit noch größerer Liebe lieben.

Das hat Jesus beim Gastmahl, bei dem die als Sünderin geltende Frau ihm die Füße gewaschen hat, sehr deutlich zum Ausdruck gebracht. (Vgl. Lk 7,36ff) Diese Frau hat ihn mehr geliebt als der fromme Pharisäer, der ihn als Gast zum Mahl geladen hat. Sie erfährt daher eine tiefere Vergebung als all die, die glauben, sie würden alles richtig machen. Und diese Vergebung vertieft wiederum ihre Liebe.

Was wir bei der Verwandlung eines Jakob, eines Elija und eines Paulus gesehen haben, das begegnet uns bei fast allen biblischen Personen, etwa auch bei Abraham, bei Mose, bei David oder bei Judith und Esther. Sie alle sind nicht von Geburt an heilig und vollkommen. Sie begegnen in ihrem Leben ihrer eigenen Schwäche und Ohnmacht, sie fallen in Sünde und Schuld, aber Gott verwandelt sie nach und nach, bis sie schließlich zu Kündern von Gottes

Liebe und Barmherzigkeit werden, zu Zeugen seines Wirkens in der Welt.

Auch das Neue Testament schildert uns keine von Geburt an perfekten Jünger und Jüngerinnen, sondern Menschen, die in der Nachfolge Christi verwandelt werden. Da begegnet uns Petrus, der impulsive Mann, der für seinen Meister sterben will und ihn dann feige verrät. Da sind Johannes und Jakobus, die »Donnersöhne«, aggressive Menschen, die am liebsten Feuer vom Himmel fallen lassen, wenn sich ihnen ein Dorf verschließt. (Vgl. Lk 9,50ff) Aus ihnen gehen Johannes, der Lieblingsjünger hervor, der ein Herz hat, und Jakobus, der treue und standhafte Zeuge, der als erster der Apostel für Christus stirbt.

Die Bibel zeigt uns an diesen Menschen, dass es nicht in erster Linie darauf ankommt, dass wir perfekt und fehlerfrei sind, sondern dass wir uns von Gott verwandeln lassen. Alles darf sein, alles kann von Gott verwandelt werden. Entscheidend ist, dass wir uns so, wie wir sind, auf Gott einlassen und von Gott in Dienst nehmen lassen. Dann kann Gott unsere Impulsivität und Aggressivität in Eifer für sein Reich verwandeln. Dann kann er unsere Sünde in die größere Liebe wandeln, unsere Angst und Feigheit in Vertrauen und Mut, unseren Verrat in vorbehaltlose Treue.

Die Botschaft von der Verwandlung ist eine tröstende und befreiende Botschaft. Sie befreit uns von dem Zwang, dass wir alles selbst machen und alles in uns verändern müssen. Was wir tun können, ist sehr gering im Vergleich zu dem, was Gott aus uns und mit uns zu formen vermag. Gott kann auch uns in unserer Schwäche und Feigheit, in unserer Leidenschaft und Unwahrhaftigkeit zum Stammvater für viele machen, wie Jakob, und zum Fels für andere, wie Petrus.

Gottes verwandelnde Liebe kennt keine Grenze. Wenn wir uns Gott hinhalten mit unserer Wahrheit, dann wird er uns verwandeln zu der Gestalt, die dem Bild seines Sohnes entspricht.

V

Wandlungsgeschichten

Wenn wir nach Wandlungsgeschichten in der Bibel suchen, dann stoßen wir auf Heilungsgeschichten und auf Szenen der Begegnung. Jede Begegnung verwandelt, etwa die Begegnung Jesu mit den ersten Jüngern oder mit den Emmausjüngern. Ich gehe aus einer Begegnung anders heraus, als ich in sie hineingegangen bin. Es geschieht in ihnen etwas mit mir. Es kommt etwas in Bewegung, es wandelt sich etwas.

In den Heilungsgeschichten wird die verwandelnde Kraft der Begegnung am deutlichsten. Da richten sich enttäuschte und resignierte Menschen durch die Begegnung mit Jesus wieder auf, da bekommen Blinde den Mut, ihre Augen zu öffnen und der Wahrheit ins Auge zu sehen. In den Heilungsgeschichten verwandelt Jesus bei den Kranken, die ihm begegnen, Resignation in Hoffnung, Zerrissenheit in Ganzheit, Selbstablehnung in Selbstannahme, Blindsein in Sehen, Taubsein in Hören, Stummsein in Sprechen, Lähmung in Lebendigkeit, Gefangensein in Freiheit.

Ich möchte hier jedoch nicht die schon oft interpretierten Heilungsgeschichten behandeln, sondern neben einer alttestamentlichen Szene neutestamentliche Geschichten, die im Lauf des Kirchenjahres eine wichtige Rolle spielen und die unserem geistlichen Leben eine neue Richtung verleihen. Denn das Kirchenjahr ist für C. G. Jung ein therapeutisches System. Indem wir die wichtigsten Bilder der menschlichen Seele an den Festen des Kirchenjahres feiern, geschieht jedes Jahr von neuem Verwandlung in den Christen, die diese Feste feiern.

Nach Lukas, dem Evangelisten des Kirchenjahres, geschieht die Verwandlung so, dass die heilsame Geschichte Jesu an den Festen heute Wirklichkeit für uns wird und ihre verwandelnde und heilende Geschichte an uns vollzieht.

1   Die Verklärung des Mose
Ex 34,28–35

Mose ist vierzig Tage und Nächte lang auf dem Berg Sinai in der Gegenwart Gottes. Er fastet und schreibt die Worte des Bundes auf, die Gott ihm diktiert. Diese vierzig Tage im Angesicht Gottes haben sein Gesicht verwandelt: »Während Mose vom Berg herunterstieg, wusste er nicht, dass die Haut seines Gesichtes Licht ausstrahlte, weil er mit dem Herrn geredet hatte. Als Aaron und alle Israeliten Mose sahen, strahlte die Haut seines Gesichtes Licht aus, und sie fürchteten sich, in seine Nähe zu kommen.« (Ex 34,29f)

Die Gegenwart Gottes und das vertrauliche Gespräch mit dem Herrn haben ihre Wirkung im Gesicht des Mose hinterlassen. Die Haut seines Gesichtes strahlt Licht aus. Aaron und die Israeliten fürchten sich vor dem strahlenden Angesicht, sodass Mose immer wieder sein Gesicht mit einem Schleier verdecken muss.

Bei der Berufung des Mose ist Gottes Herrlichkeit im brennenden Dornbusch erschienen. Gott hatte dem Mose gezeigt, dass er auch das Verachtete und Schwache in ihm verwandeln kann. Jetzt in der vertrauten Begegnung mit Gott wird das Gesicht des Mose verwandelt. Gottes Herrlichkeit spiegelt sich in seinem Angesicht wider.

Mose ist für das Alte Testament der Mensch, der am vertrautesten mit Gott sein darf. Den übrigen Menschen gibt sich Gott in Träumen und Visionen zu erkennen. Mit Mose spricht Gott von Angesicht zu Angesicht. (Vgl. Num 12,6–8) Die frühen Mönche nehmen Mose als Vorbild des geistlichen Begleiters, der die Seele aus der Gefangenschaft Ägyptens zur Kontemplation auf dem Berg Sion führen soll. Mose zeichnet sich durch seine Sanftmut aus. Er war sanftmütiger als alle Menschen. (Vgl. Num 12,3) Die Sanftmut ist Zeichen seiner Verwandlung durch die Begegnung mit Gott. So wird Mose für die frühen Mönche zum Vorbild der Kontemplation.

Verwandlung, so deuten die Mönche in ihrer Interpretation der Mosegestalt, geschieht durch die Begegnung mit Gott im Gebet und in der Kontemplation. Und als eine wichtige Voraussetzung für diese innere Verwandlung, die sich dann auch im Leib ausdrückt, wird das Fasten gesehen. Das Fasten verwandelt den Leib. Mose hat wie Elija und wie später Jesus vierzig Tage lang gefastet. Das ist nach Tertullian der Grund, warum Mose und Elija bei der Verklärung Jesu auch Mitgenossen seiner Herrlichkeit sein durften. Das Fasten will den Menschen für die Begegnung mit Gott bereiten, es will ihn innerlich leer machen, sodass Gottes Geist ihn erfüllen und durchdringen kann. Man kann einem Menschen, der wie Mose vertrauten Umgang mit Gott hat, der seinen Leib und seine Seele ganz und gar Gott aussetzt, die Verwandlung ansehen.

Am deutlichsten kann man diese Verwandlung am Gesicht erkennen. Wenn Gottes Geist den Menschen im Gebet und in der Kontemplation erfüllt, dann erzeugt er ein inneres Leuchten. Die Augen werden durchsichtig, ja sogar die Haut spiegelt etwas von der inneren Klarheit und Sanftmut wider.

Der Mensch kann diese Verwandlung nicht bewirken, auch wenn er sich noch so viel zur Meditation hinsetzt. Er kann sich nur Gott aussetzen, der ihn von innen her so durchdringen kann, sodass seine Herrlichkeit in seinem Gesicht aufleuchtet.

Was in der Verwandlung des Mose beschrieben wird, das vollendet sich in der Verklärung Jesu. Da tritt das göttliche Angesicht leuchtend durch die menschliche Hülle hindurch. Verwandlung bedeutet für uns, dass die eigentliche Gestalt durchbricht, dass das Bild durchscheint, das sich Gott von uns gemacht hat, dass unser Urbild sichtbar wird, so wie es aus Gottes Händen hervorgegangen ist.

Gebet und Kontemplation können Wege sein, uns mit unserem wahren Bild in Berührung zu bringen. Aber Gebet und Kontemplation können nicht die Entwicklungsgeschichte überspringen, die auch ein Mose durchmachen musste. Mose musste erst durch seinen Zorn und seine Zweifel hindurch, um dann auf dem Berg Horeb von Gott verwandelt zu werden. So müssen auch wir durch die Abgründe unsere Seele hindurchwandern, durch die Wüsten und Steppen unseres Inneren, um dann auf dem Gottesberg in Berührung mit unserem wahren Wesen zu kommen.

An einer Ordensschwester habe ich erlebt, wie die Meditation nicht die Wirklichkeit unserer Leidenschaften überspringen kann, um uns mit dem inneren Grund in Berührung zu bringen. Bei der Meditation konnte sie nur bis zu ihrem Herzen atmen. Es hätte keinen Zweck gehabt, mit der Schwester Atemübungen zu machen. Der Atem war Bild für ihren inneren Zustand. Sie musste zuerst ihren unterdrückten Ärger und ihre Wut anschauen, bis der Atem tiefer ging. Und dann musste sie sich ihrer Sexualität stellen. Erst dann erreichte der Atem beim Ausatmen den Beckenraum, erst dann konnte sie sich in ihrem Grund niederlassen.

Der Atem verbindet Kopf, Herz und Bauch, den Verstand, die Gefühle und die Sphäre der Vitalität und Sexualität. Erst wenn wir uns durch diese drei Bereiche hindurchspüren, können wir mit unserem innersten Grund, mit dem Bild Gottes in uns in Berührung kommen. Erst dann kann der Atem fließen, erst dann kann sich in uns etwas verklären – bis in unser Gesicht hinein.

2 Die Verklärung Jesu
Lk 9,28–36

Alle drei Synoptiker erzählen uns die Geschichte von der Verklärung Jesu. Matthäus und Markus benutzen dabei das griechische Wort für Verwandlung: »metemorphote« (das heißt: er wurde verwandelt). Der römische Dichter Ovid hat ein eigenes Buch geschrieben mit dem Titel: »Metamorphosen« (Verwandlungen). Da werden Tiere in Menschen verwandelt und Menschen wieder in Tiere, wenn sie ihre tierhafte Seite allzu stark ausleben.

Jesus wurde von einem alltäglichen Menschen, mit dem die Jünger täglich zusammen waren, verwandelt in einen Menschen voller Licht. »Sein Antlitz leuchtete wie die Sonne und seine Kleider wurden weiß wie Licht«, heißt es bei Matthäus (17,2). Lukas weist darauf hin, dass die Verwandlung Jesu während des Gebetes geschah. Jesus war mit den Jüngern – so sagt es uns Lukas – auf den Berg gestiegen, um zu beten.

Der Berg ist ein geeigneter Ort für das Gebet. Lukas will uns mit dieser Bemerkung sagen, dass auch für uns das Gebet der Ort sein könnte, an dem wir verwandelt werden, an dem wir mit dem ursprünglichen Glanz in Berührung kommen, den Gott jedem von uns geschenkt hat, indem er in jedem von uns ein einmaliges Bild von sich geschaffen hat. Im Gebet erkennen wir, wer wir eigentlich sind. Und im Gebet fallen die Hüllen weg, die den ursprünglichen Glanz verstellen.

Die deutschen Bibeln überschreiben die Szene mit »Verklärung«. Das ist eine Deutung des griechischen Wortes Verwandlung: »metamorphose«. Verklärung meint, dass etwas in uns klar wird, dass die ursprüngliche Klarheit in uns aufleuchtet und wir ganz und gar – ohne Verstellung – derjenige werden, der wir von Gott her und vor Gott sind.

Lukas beschreibt daher auch ausführlicher das Auftreten von Mose und Elija. Auch sie beide erstrahlen im Licht. Sie haben das gleiche strahlende Licht, das Jesus umleuchtet. Sie haben teil an der Herrlichkeit Jesu. Und beide sind Bilder für uns. Beide zeigen uns aber auch, wie wir verwandelt werden können in das ursprüngliche Licht, das uns von unserer Geburt her zu eigen ist. Mose steht für das Gesetz und für den Befreier. Wenn wir wie Jesus beten, dann werden wir von unserem Wesen her das tun, was uns gemäß ist und dem Willen Gottes entspricht. Und wir werden frei. Elija ist der große Prophet. Prophet ist der, der etwas von Gott ausdrückt, was nur durch ihn zum Ausdruck gelangen kann. Wenn wir wie Jesus beten, kommen wir in Berührung mit dem einmaligen Wort, das Gott durch uns in diese Welt hinein sagen möchte. Unser Leben wird in seinem wahren Sinn auf einmal klar.

Es ist verständlich, dass Petrus dieses wunderbare Geschehen am liebsten festhalten möchte, indem er drei Hütten baut. Dann könnten sie lange Zeit auf dem Berg bleiben und die Verwandlung und Verklärung genießen. Doch Gott antwortet auf den naiven Wunsch – Petrus wusste nicht, was er sagte – damit, dass er eine Wolke schickt, die ihren Schatten auf die drei Jünger wirft. Die Jünger geraten in die Wolke hinein und sie bekommen Angst. Die Wolke macht Angst mit ihrer Dunkelheit. Sie verdunkelt die Erfahrung der Verwandlung und Verklärung wieder.

Aber die Wolke kann zugleich auch Ausdruck von Gotteserfahrung sein, aber einer anderen Gotteserfahrung. Gott kann uns gerade auch im Dunkeln begegnen. Johannes vom Kreuz hat diese Erfahrung im Bild der dunklen Nacht der Seele beschrieben. Aus dieser dunklen Wolke erschallt nun die Stimme Gottes: »Das ist mein auserwählter Sohn, auf ihn sollt ihr hören.« (Lk 9,35) Die Jünger können die Erfahrung der Verwandlung nicht festhalten. Sie sollen wieder in das Tal ihres Alltags zurückkehren. Die Erinnerung an die Erfahrung des Lichtes und das Hören auf das Wort Jesu soll ihnen genügen. Die Erinnerung und das Hören vertiefen die Verwandlung, die sie auf dem Berg erfahren haben.

Das ist auch die Theologie des Lukasevangeliums: Indem wir uns an den Festen des Kirchenjahres an das erinnern, was Jesus getan hat und was mit ihm und durch ihn geschehen ist, wird die heilende Erfahrung von damals heute in uns eine Wirklichkeit, die an uns wirkt und uns mehr und mehr verwandelt. Und indem wir immer wieder auf das Wort hören, das Jesus gesprochen hat, bewirkt das Wort in uns Verwandlung.

Lukas hat diese Erfahrung in seinem Evangelium dadurch zum Ausdruck gebracht, dass er neben »logos« – das Wort des Trostes oder das Wort des Heiles – oft »rema« benutzt. »Rema« ist ein Wort, das Ereignis, das Wirklichkeit wird. Die Hirten eilen nach der Verkündigung der Engel nach Bethlehem, um das »rema« zu schauen, das Wort, das Ereignis geworden ist, das Wort, das geschehen ist. Und wir sollen dieses Wort, das Jesus zu uns spricht und das in Jesu Geschichte selbst Ereignis geworden ist, wie Maria »bewahren und im Herzen zusammenfügen« (Lk 2,19).

Lukas verwendet hier »synterein« (das heißt: zusammensehen) und »symballein« (das heißt: zusammenwerfen). Wir sollen also unser Leben zusammen schauen mit dem Wort, das Jesus zu uns spricht, und mit den Ereignissen, in denen Jesus zu uns spricht.

Dann wird unser Leben verwandelt. Wir werden es wie Maria auf neue Weise wahrnehmen. Und wir sollen das, was wir sehen und hören, in unserem Herzen zusammenwerfen, zusammenfügen. Das Geschehene und das Wort müssen zusammengebracht werden, damit wir den tieferen Sinn der Geschichte erkennen, den symbolischen Sinn, der uns unser wahres Wesen erschließt.

Indem wir wie Maria immer wieder unser Leben mit dem Wort Jesu zusammensehen und im Herzen zusammenfügen, geschieht mitten in unserem Alltag Verwandlung in uns. Das Wort, das »rema« wird dann auch in uns Ereignis.

3   Die Verwandlung von Wasser in Wein
   Joh 2,1–12

Bei der Hochzeit zu Kana verwandelt Jesus Wasser in Wein. Die Verwandlung von etwa sechshundert Liter Wasser war sicher nicht nur eine willkommene Hilfe für das Brautpaar, dem der Wein ausging. Für den Evangelisten Johannes hat diese Szene vielmehr eine symbolische Bedeutung. In diesem ersten Zeichen, das Jesus wirkt, will Johannes uns zeigen, was durch die Menschwerdung Jesu Christi mit uns geschehen ist.

Unser Leben ist durch die Inkarnation verwandelt worden. Unser Leben wird hier als Wasser beschrieben, das in sechs steinerne Krüge gefüllt ist. Wasser kann verschiedene Bedeutungen haben. Es kann Leben spenden, den Durst löschen, Fruchtbarkeit bewirken.

Hier hat das Wasser, das zur Reinigung vorgesehen ist, vermutlich eine etwas andere Bedeutung. Es repräsentiert die überlieferten Gebräuche, die alten Normen und Riten. Es hat den Geschmack von abgestandenem Wasser, das schal geworden ist. Mit altem Wasser kann man kein Fest feiern. Wasser kann reinigen, aber nicht verbinden wie der Wein. So könnte man sagen, dass Christus durch seine Menschwerdung unsere menschliche Natur und unser Leben, das schal geworden ist, wie das Wasser in den Steinkrügen, in Wein verwandelt hat. Unser Leben hat durch seine Menschwerdung einen neuen Geschmack bekommen.

Vom Wein sagt der Psalmist, dass er des Menschen Herz erfreut. (Vgl. Ps 104,15) Wein gibt uns eine fröhliche Stimmung, er öffnet unsere Zungen, sodass wir miteinander in Beziehung treten und so Gemeinschaft entstehen kann. Vorher, so meint die Erzählung, waren wir Wasser: ohne Geschmack, schal, leer, abgestanden. Und wir waren wie die sechs Krüge: steinern, hart, verhärtet, starr, irdisch.

Die Zahl Sechs deutet auf unsere Unvollkommenheit hin. Jesus wird nach Johannes sieben Zeichen wirken, um unser Leben mit göttlicher Unvollkommenheit zu erfüllen. Sieben ist die Zahl der Verwandlung. Es gibt die sieben Sakramente, die unser Leben verwandeln. In unserer Geschichte wird klar, dass die Sieben die Sechs zur Voraussetzung hat. Die Sieben kommt nach der Sechs. Es braucht die sechs Krüge, die unser unvollständiges Leben bezeichnen, damit die Sieben dazu treten und unser Leben verwandeln kann.

Das heißt auch: Wir sollen zu dem stehen, was in uns alltäglich, unvollkommen, unvollständig ist. Nur dann kann Verwandlung geschehen. Die Sieben, die zu der Sechs hinzutritt, ist in unserer Geschichte Jesu. Erst wenn Christus hinzukommt, entsteht die Sieben, die heilige Zahl. Und Christus wird am Kreuz den siebten Krug öffnen, wenn sein Herz von der Lanze des Soldaten durchbohrt wird, um uns mit seinem Blut und neuem Leben spendenden Wasser zu beschenken, um alle Welt mit seiner Liebe und mit seinem Geist zu verwandeln.

Das Wasser in den sechs steinernen Wasserkrügen diente der Reinigung, dem Händewaschen vor und nach der Mahlzeit. Wenn Jesus das Wasser, das den jüdischen Reinheitsvorschriften diente, in Wein verwandelt, der die Hochzeitsgesellschaft erfreuen soll, dann ist damit auch eine Verwandlung der alten Gesetze mitgedacht. Die Kirchenväter jedenfalls sehen das so. Dem Wasser der jüdischen Reinigungsbräuche setzt Jesus den köstlichen Wein des Evangeliums entgegen.

Die frühe Kirche hat die Kanageschichte noch anders interpretiert. Sie hat am 6. Januar das Epiphaniefest gefeiert, das Fest der Erscheinung des Herrn. Und sie hat – wie es heute noch die Magnifikat-Antiphon besingt – drei Geheimnisse dabei im Auge gehabt, mit denen sie das Geheimnis von Weihnachten entfaltet und dargestellt hat: die Erscheinung der Herrlichkeit Gottes im Fleische Jesu Christi und ihr Offenbarwerden vor den Magiern und damit vor der ganzen Welt; die Taufe Jesu, in der die Herrlichkeit Christi in den Elementen der Schöpfung und in der Schuld der ganzen Menschheit aufgeleuchtet ist, die in den Wassern des Jordan repräsentiert ist; und die Hochzeit zu Kana, in der Gottes Herrlichkeit im Bild der Hochzeit und in der Verwandlung des Weines erschienen ist, in der die göttliche Natur Christi unsere menschliche Natur in köstlichen Wein verwandelt hat.

Die frühe Kirche hat damit auf die Sehnsüchte der Menschen geantwortet, die bis dahin das Dionysosfest angesprochen hatte. Am Dionysosfest, in der Nacht vom 5. auf den 6. Januar, stellte man drei leere Krüge in das Heiligtum des Dionysos und verschloss die Türe. Am anderen Tag fand man sie mit Wein gefüllt. Ein ähnliches Fest wurde in Ägypten am 6. Januar gefeiert. Man beging das Fest der Geburt des Gottes Aion aus der Jungfrau Kore. Dabei schöpfte man Nilwasser, das sich in Wein verwandeln sollte. Es geht mir nicht um die Frage, wie weit die Kanageschichte von diesen Geschichten abhängig ist. Entscheidend ist, dass Johannes mit seinem Evangelium die Menschen seiner Zeit ansprechen und ihnen erklären will, wer dieser Jesus Christus ist und wer wir durch ihn geworden sind.

Offensichtlich gibt es im Menschen eine tiefe Sehnsucht nach Verwandlung. In der Menschwerdung Gottes in Jesus von Nazaret – so sagt Johannes den Menschen, die sich nach Verwandlung sehnen – ist es geschehen, in ihr hat Gott unsere menschliche Natur wirklich verwandelt, in ihr hat er unsere sterbliche Natur mit seinem unsterblichen Leben durchdrungen, in ihr hat er uns Menschen vergöttlicht.

Johannes hat keine Angst, die christliche Botschaft mit dionysischen Elementen zu verbinden. Dionysos ist der Gott des Rausches, der Gott der Verwandlung schlechthin. In Jesus Christus hat Gott unser Leben auf eine viel tiefere Weise verwandelt – so meint Johannes – als Dionysos. Nicht drei, sondern sechs große Steinkrüge waren mit Wasser gefüllt. Nicht eine ganze Nacht, sondern ein einziges Wort verwandelt das Wasser in Wein. Wir brauchen keine großen Zeremonien, keine kultischen Gesetze und Bräuche, sondern nur die Begegnung mit Jesus Christus. Sie verwandelt unser Leben, sie erzeugt die »sobria ebrietas«, die nüchterne Trunkenheit, die uns mit tiefen Schichten, mit neuen Lebensmöglichkeiten in Berührung bringt.

Unsere Verwandlungsgeschichte spielt bei einer Hochzeit. Auch die Hochzeit ist für Johannes ein Zeichen für das, was in der Menschwerdung Christi geschehen ist. Hochzeit ist ein archetypisches Bild der Gegensatzvereinigung. Viele Märchen enden mit einer Hochzeit. Die Vereinigung von Mann und Frau ist Bild dafür, dass alle Gegensätze, die wir in uns spüren, miteinander eins werden können und, dass vor allem der größte Gegensatz, den es gibt – Gott und Mensch, Himmel und Erde – aufgehoben wird.

Johannes will uns in der Kanaerzählung sagen, dass Gott mit uns in der Menschwerdung seines Sohnes Hochzeit feiert, dass er sich da untrennbar mit uns verbunden und damit unserem Leben einen neuen Geschmack gegeben hat. In der Menschwerdung erfüllt sich, was die Propheten immer wieder verkündet haben: »Dein Schöpfer ist dein Gemahl.« (Jes 54,5) »Wie der junge Mann sich mit der Jungfrau vermählt, so vermählt sich mit dir dein Erbauer.« (Jes 62,5) »Ich traue dich mir an auf ewig; ich traue dich mir an um den Brautpreis von Gerechtigkeit und Recht, von Liebe und Erbarmen.« (Hos 2,21)

Gott selbst verbindet sich in der Menschwerdung seines Sohnes mit den Menschen in einer heiligen Hochzeit. Und er verwandelt den Menschen, wie nur eine Hochzeit ihn zu verwandeln vermag. Dass die Hochzeit die Menschen verwandelt, davon künden zahllose Märchen und Erzählungen. Da wird ein Stein zu einem Herzen, da verwandelt sich ein Frosch in einen Prinzen oder in eine Prinzessin, da werden Schwäne wieder zu Menschen. Wenn Gott Mensch wird, dann ist das die tiefste Verwandlung, die es gibt, dann wird alles im Menschen in das Leben des dreifaltigen Gottes hineingenommen, dann blüht seine Natur auf, wie das die Braut mit ihrem Brautkleid ausdrückt, dann wird in ihm alles leuchtend weiß: Alles atmet dann den Geschmack der Liebe, die auch eine ganze Hochzeitsgesellschaft zu verwandeln vermag.

Die Ausleger tun sich schwer, die Rolle Marias, der Mutter Jesu, bei der Verwandlung von Wasser in Wein zu verstehen. Augustinus meint, weil Jesus sich anschicke, göttliche Taten zu vollbringen, erkenne er die Mutter nicht an, als wollte er sagen: »Was an mir ein Wunder tut, hast du nicht geboren, weil du meine Schwachheit geboren hast. Ich werde dich dann anerkennen, wenn eben diese Schwachheit am Kreuz hängen wird.« (Gnilka 24) Sicher hat Johannes mit Absicht Maria zu Beginn von Jesu Wirken und am

Ende unter dem Kreuz eine wichtige Rolle zugeteilt. Zu Beginn animiert Maria Jesus zum Wunder der Verwandlung. Am Ende übergibt Jesus seine Mutter Johannes und damit der ganzen Kirche. Das ist die johanneische Mariologie.

Wenn wir aber den Text tiefenpsychologisch auslegen, bekommt er nochmals eine neue Bedeutung. Maria, die Frau, spürt den Mangel an Wein. Die Frau ist als Mutter mit dem Geheimnis der Verwandlung am meisten vertraut. Sie spürt, was dem Menschen fehlt. Sie sehnt sich als Mutter nach der Geburt des neuen Menschen, der nicht nur menschlich, sondern auch göttlich ist. Sie wendet sich an Jesus, ihren Sohn. Doch der distanziert sich erst mit seiner Frage: »Was willst du von mir, Frau?« Er muss seinen eigenen Weg gehen und seiner Stunde gehorchen, die ihm von Gott gesetzt ist. Aber er lässt sich dennoch von der Mutter zum Wunder bewegen.

Die Mutter versteht auch hinter der Distanzierung die wahre Absicht ihres Sohnes. Wir müssen erst mit unserer anima in Berührung kommen, damit Verwandlung möglich wird. Die anima kann die weibliche Seite in uns bedeuten oder auch die Seele überhaupt. Sie erahnt das Geheimnis unseres Lebens. Erst wenn wir mit unserer anima in Beziehung kommen, kann Christus an und in uns Verwandlung wirken.

Verwandlung ist reines Geschenk von Gott, das er in der Menschwerdung seines Sohnes schon gewirkt hat und das er aber immer wieder neu an uns wirken möchte. Was wir dazu beitragen können, ist die Bitte unserer anima, die Sehnsucht unseres Herzens, die Beziehung zu unserer Seele, zu unserer Innenwelt. Wenn wir unsere tiefe Sehnsucht nach Verwandlung immer wieder Christus hinhalten, der Wasser in Wein verwandelt hat, dann wird er auch unser Leben verwandeln, er wird unserem Leben einen neuen Geschmack geben und alle Gegensätze in uns in der heiligen Hochzeit miteinander verbinden, damit unser wahres Wesen aufblüht und unsere innere Schönheit wie bei einer Braut offenbar wird.

4 Die Verwandlung in der Eucharistie
Lk 22,14–20

Die drei Synoptiker und Paulus erzählen uns vom letzten Mahl
Jesu mit seinen Jüngern vor seinem Leiden. Für sie war es ein
Paschamahl, ein Mahl, das den Übergang in eine andere Welt
symbolisierte. Lukas lässt Jesus von seiner großen Sehnsucht spre-
chen, mit der er sich danach gesehnt hat, vor seinem Leiden dieses
Paschamahl mit ihnen zu essen. (Vgl. Lk 22,15)

Für Jesus ist es ein besonderes Mahl, das schon auf seinen
Übergang hinweist, auf die Verwandlung dieses Mahles in der ewigen Herrlichkeit: »Ich sage euch: Ich werde es nicht mehr essen,
bis das Mahl seine Erfüllung findet im Reich Gottes.« (Lk 22,16)
Der erste Teil des Mahles ist ein Vorausnehmen des ewigen Mahles
im Reich Gottes. Jesus nimmt den Kelch mit Wein und reicht ihn
seinen Jüngern. Sie sollen in Freude aus dem Kelch trinken: »Denn
ich sage euch: Von nun an werde ich nicht mehr von der Frucht des
Weinstocks trinken, bis das Reich Gottes kommt.« (Lk 22,18)

Jesus hält dieses Mahl vor seinem Leiden schon im Blick auf
Tod und Auferstehung. Als der Auferstandene wird er weiterhin
mit seinen Jüngern Mahl halten. Aber das Mahl im Reich Gottes
zielt auf das Mahl, das Jesus als der Erhöhte mit ihnen in seinem
Reich halten wird. Das ewige Leben wird ein ewiges Mahl sein.
Aber in der Eucharistie, wie wir sie heute feiern, leuchtet immer
schon der Glanz dieses ewigen Mahles auf.

Nach diesem Paschamahl der Freude wechselt nun die Stimmung. Und Jesus tut etwas Besonderes. Er nimmt das Brot, segnet

es, bricht es und reicht es seinen Jüngern mit den Worten: »Das ist mein Leib, der für euch hingegeben wird. Tut dies zu meinem Gedächtnis!« (Lk 22,19)

Jesus gibt dem Brot eine neue Bedeutung. Es ist nicht einfach Brot, sondern sein Leib. Und das gebrochene Brot verweist auf den Tod Jesu, in dem er sich für uns hingibt. Das gebrochene Brot ist demnach eine Vorwegnahme des Todes Jesu. Wir sollen das Brot zu seinem Gedächtnis immer wieder brechen und essen. Gedächtnis heißt: Das, was damals geschehen ist, geschieht an uns und in uns. Indem wir das Brot essen, werden wir eins mit dem Leib Jesu, den er für uns am Kreuz hingegeben hat, werden wir eins mit der Liebe, mit der er uns am Kreuz bis zur Vollendung geliebt hat.

Und dann reicht Jesus den Jüngern den Kelch mit Wein und sagt dazu: »Dieser Kelch ist der Neue Bund in meinem Blut, das für euch vergossen wird.« (Lk 22,20) Bei Lukas verweist Jesus auf den Neuen Bund, der in seinem Blut mit uns geschlossen wird. Es ist ein Bund der Liebe. Und das Blut ist Zeichen dieser Liebe. Es wird für uns vergossen. Auch das weist auf den Tod Jesu hin, in dem er uns in seinem Blut seine Liebe mitteilt, damit sie uns ganz und gar durchdringt und verwandelt.

Bei Markus identifiziert Jesus den Wein direkt mit seinem Blut: »Das ist mein Blut, das Blut des Bundes, das für viele vergossen wird.« (Mk 14,24) Durch sein Wort gibt Jesus dem Brot und dem Wein eine neue Bedeutung. Seither haben die Theologen darüber gestritten, wie wir diese neue Bedeutung verstehen sollen. Auch wenn es verschiedene Antworten bei dieser Deutung gibt, so sind sich doch alle einig, dass Brot und Wein durch das Wort Jesu eine Verwandlung erfahren.

Für die katholische Theologie besteht diese Verwandlung darin, dass das Brot nun wirklich Leib Jesu ist und das Blut wirklich sein Blut ist. Das darf jedoch nicht kannibalistisch verstanden werden. Leib und Blut Jesu stehen für seine Liebe und für seine Person. Im Essen des Brotes und im Trinken des Weines werden wir eins mit der Person Jesu, durchdringt Jesus uns mit seiner Liebe ganz und gar. Essen und Trinken sind seit jeher ein Symbol für vollkommene Integration. Im Essen und Trinken werden wir ganz eins mit Jesus, durchdrungen von seiner Liebe, die uns verwandelt.

Lukas nimmt die Erzählung vom letzten Mahl Jesu mit seinen Jüngern nochmals in seiner Erzählung von den Emmausjüngern auf. Nach seiner Auferstehung erscheint Jesus den Emmausjüngern, die auf der Flucht sind vor der Enttäuschung, die sie im Tod Jesu am Kreuz erlebt haben. Jesus deutet ihnen von der Schrift her den Sinn dessen, was geschehen ist. Als die Jünger in Emmaus, dem Ziel ihrer Wanderung ankamen, wollte Jesus weitergehen. Doch sie drängen ihn, mit ihnen zu kommen: »Bleib doch bei uns; denn es wird bald Abend, der Tag hat sich schon geneigt.« (Lk 24,29)

Jesus lässt sich dazu drängen: »Da ging er mit hinein, um bei ihnen zu bleiben. Und als er mit ihnen bei Tisch war, nahm er das Brot, sprach den Lobpreis, brach das Brot und gab es ihnen. Da gingen ihnen die Augen auf, und sie erkannten ihn; dann sahen sie ihn nicht mehr.« (Lk 24,29–31) Im Griechischen heißt es: Jesus wurde für sie »aphantos« (das heißt: unsichtbar). Man könnte sagen: Eucharistie bedeutet, dass Jesus mit hineingeht in das Haus, in dem wir wohnen. Er kommt zu uns in unserem Alltag, um bei uns zu bleiben. Eucharistie ist der Ort, an dem wir erfahren dürfen, dass Jesus bei uns ist und bleibt.

Als Jesus nun das Brot auf gleiche Weise bricht wie beim letzten Abendmahl, da gehen den Jüngern die Augen auf. Die Verwandlung geschieht hier zuerst bei den Jüngern. Sie können auf einmal richtig sehen. Und sie erkennen Jesus als den Auferstandenen. Sie haben eine wichtige Erkenntnis. Lukas gebraucht hier das Wort »egnosan«. Gnosis war die Sehnsucht der Griechen: durchzublicken, das Wesen zu erkennen, auf den Grund zu sehen. Doch dann geschieht die Verwandlung auch bei Jesus. Auf einmal wird er unsichtbar. Er, der vor ihren Augen das Brot bricht, wird in die Unsichtbarkeit verwandelt.

Hier wird deutlich, dass es in der Eucharistie nicht nur um die Verwandlung von Brot und Wein in Leib und Blut Christi geht, sondern auch um die Verwandlung der Jünger. Als Blinde werden sie sehend und als Unwissende wissend. Und es geht um die Verwandlung Jesu: Das sichtbare Geschehen der Eucharistie weist auf das Unsichtbare hin. Und die sichtbaren Zeichen werden verwandelt in etwas, das man nicht mehr sehen kann, in ein Geheimnis, von dem man sich nur tief in seinem Herzen berühren lassen kann.

Dass es in der Eucharistie, die wir täglich feiern, um unsere eigene Verwandlung geht, ist mir ganz wichtig geworden. Bei Kursen versuche ich, immer wieder auf die Symbolik unserer eigenen Verwandlung hinzuweisen und sie auch durch ein bewusstes Vollziehen des Rituals erfahrbar werden zu lassen. Dabei beziehe ich mich auf die Gedanken von C. G. Jung, der als Sohn eines evangelischen Pfarrers (wie oben angesprochen) bewusst ein Buch über die Wandlungssymbole der katholischen Messe geschrieben hat. Dort vergleicht er die Wandlungsrituale der katholischen Messe mit Ritualen der Verwandlung, wie sie in vielen Religionen auf ähnliche Weise vollzogen werden. Er wollte mit seiner psychologischen Deutung der Heiligen Messe »zeigen, dass das wichtigste Mysterium der katholischen Kirche u.a. auf psychischen Bedingungen beruht, die tief in der menschlichen Seele verwurzelt sind« (Jung 11, 292). Allerdings möchte Jung die Heilige Messe nicht auf rein psychische Vorgänge reduzieren. Er beschreibt nur die psychische Ebene. Das Eigentliche aber ist auch für ihn Geheimnis, da es von Gott selbst gewirkt wird.

Ich möchte nur das Ritual der Gabenbereitung beschreiben. Da hebt der Priester die Schale mit Brot hoch und dann den Kelch. Das Hochheben eines Gegenstandes ist in der Religionsgeschichte immer ein Bild: Ich halte etwas in den göttlichen Bereich, ich halte etwas Gott hin. Ich bekenne, dass es ihm gehört. Und ich bekomme es verwandelt von Gott wieder zurück. Ich lade die Teilnehmer der Eucharistiefeier bei Kursen oft ein, gemeinsam mit mir die Schale in Form der offenen Hände und den Kelch in der Kelchgebärde Gott hinzuhalten.

Für mich sind es vier Bilder, die diese Verwandlung unseres eigenen Lebens in der Eucharistie im Ritual der Gabenbereitung beschreiben:

Erstes Bild: Wir halten die Schale mit Brot hin. Brot steht für unsere Arbeit und für unseren Alltag, für die Tretmühle unseres Alltags, für das, was uns täglich aufreibt, zerreibt und zermürbt. Und das Brot, das aus vielen Körnern gebacken ist, steht für die Zerrissenheit, die wir oft erfahren. Wir bringen die verschiedenen Bedürfnisse und Gefühle in uns nicht zusammen. Wir halten im Brot unseren Alltag Gott hin, damit er nicht nur das Brot, sondern auch unseren Alltag verwandelt. Wir übergeben uns im Brot Gott, damit er uns verwandelt zu Menschen, die im Alltag nicht aufgerieben werden, sondern aufgebrochen für Gott und die vom Brot des Lebens gestärkt ihren Alltag auf neue Weise bewältigen.

Zweites Bild: Wir halten den Kelch Gott hin. Der Kelch steht in der Bibel für den Kelch des Leids und der Bitterkeit. Indem wir den Kelch des Leides – unseres eigenen oder des Leids der Menschen, mit denen wir uns verbunden fühlen – Gott hinhalten, vertrauen wir, dass ihn Gott in einen Kelch des Heiles verwandelt und dass er den Kelch der Bitterkeit in einen Kelch der Süßigkeit verwandelt. Wir vertrauen, dass Gott unserem Leid den bitteren Geschmack nimmt und ihm einen angenehmen Geschmack verleiht, den Geschmack seiner Liebe.

Drittes Bild: Die Juden kennen den Trauerkelch. Wir halten den Kelch unserer Trauer Gott hin. Wir zeigen im Kelch Gott unsere Trauer über den Tod lieber Menschen, aber auch unsere Trauer über zerbrochene Lebensträume, über verpasste Chancen, über die eigene Durchschnittlichkeit. Wir gestehen uns unsere Trauer darüber ein, dass unser Leben so ist, wie es ist, mit all dem Durchschnittlichen, mit dem Scheitern, mit den Defiziten, an denen wir leiden. Indem wir unseren Trauerkelch Gott hinhalten, vertrauen wir, dass er ihn in einen Trostkelch verwandelt. Trost kommt von Treue und bedeutet auch Festigkeit. Wir vertrauen, dass Gott uns neuen Stand in unserem Leben schenkt.

Viertes Bild: Der Kelch mit Wein steht für unsere Liebe. So wie der Wein mit Wasser vermischt ist, so ist unsere Liebe vermischt mit Zweifel am anderen, mit Eifersucht und Neid, mit Aggression und Rachegefühle, mit Enttäuschungen und Verletzungen und mit Besitzansprüchen. Wir halten unsere vermischte Liebe Gott hin, dass er sie in reine Liebe verwandelt und dass seine menschgewordene Liebe unsere Liebe reinigt.

In jeder Eucharistie feiern wir unsere eigene Verwandlung. Nach der Eucharistiefeier können wir nicht messen, was sich jetzt in uns verwandelt hat. Aber indem wir immer wieder die Feier unserer Verwandlung begehen, dürfen wir vertrauen, dass sich tief in unserer Seele etwas wandelt und dass da ein Prozess der Verwandlung in Gang gesetzt wird, der irgendwann auch nach außen sichtbar wird. Auf einmal hat sich meine Trauer verwandelt in Trost und mein Leid hat den Geschmack der Bitterkeit verloren und vermag mir nicht mehr den süßen Geschmack der Liebe zu nehmen.

5 Die Verwandlung von Leid in Hingabe
Joh 10,17f und Joh 15,13

Jesus ist gekommen, um uns die Frohe Botschaft zu verkünden, dass das Reich Gottes nahe ist. Und er wollte uns Gott als den barmherzigen Vater vor Augen halten. Seine Predigt stieß bei den Menschen auf Widerstand, die Gott für sich benutzt haben, um ihre eigene Rechthaberei zu bestärken und um sich über andere zu stellen. Irgendwann hat Jesus gespürt, dass in seiner Botschaft eine Sprengkraft liegt und dass die Menschen, die diese verunsichert, ihm nach dem Leben trachten.

Jesus ist schließlich in die Machtspiele der Sadduzäer, der römerfreundlichen Juden, und der römischen Besatzungsmacht geraten. Irgendwann musste er mit seinem gewaltsamen Tod rechnen.

Jesus hat den Tod nicht gesucht. Er ist ihm von außen widerfahren. Aber er hat sich dem drohenden Tod gestellt. Er hat darauf verzichtet, sich selbst in Sicherheit zu bringen. Er hat das, was ihm von außen widerfahren ist, in einen Akt der Liebe verwandelt.

So konnte Jesus seinen Jüngern vor seinem Tod sagen: »Es gibt keine größere Liebe, als wenn einer sein Leben für seine Freunde hingibt.« (Joh 15,13) Er greift damit das Ideal der griechischen Freundesliebe auf, um das, was ihm von außen widerfahren ist, in einen Akt der Liebe zu verwandeln. Aus Liebe zu seinen Freunden ist Jesus dem Tod nicht ausgewichen. Aber der Tod war für ihn keine Niederlage, sondern tiefster Ausdruck seiner Freundesliebe.

Noch eine andere Stelle ist mir in diesem Zusammenhang wichtig geworden. Jesus wusste genau, dass ihm ein gewaltsames Ende bevorsteht. Trotzdem sagt er in seiner Rede vom guten Hirten: »Deshalb liebt mich der Vater, weil ich mein Leben hingebe, um es wieder zu nehmen. Niemand entreißt es mir, sondern ich gebe es aus freiem Willen hin. Ich habe Macht, es hinzugeben, und ich habe Macht, es wieder zu nehmen.« (Joh 10,17f)

Jesus verwandelt das, was ihm von außen widerfährt, in einen Akt der Hingabe und der Liebe. Wir feiern in jeder Eucharistie seine Hingabe für uns, seine Verwandlung dessen, was sein Leben durchkreuzt, in einen Akt der Liebe zu uns.

Die katholische Theologie hat die Eucharistie immer als ein Opfer verstanden. Das bedeutet nicht, dass wir Gott ein Opfer bringen müssten, um vor ihm eine Leistung zu vollbringen. Opfer meint Hingabe. Wir feiern die Hingabe Jesu, um uns selbst immer wieder in die Hingabe einzuüben. Auch unser Leben wird nur gelingen, wenn wir wie Jesus fähig werden, das, was uns von außen widerfährt, in einen Akt der Liebe zu verwandeln.

Ein Beispiel möge das verdeutlichen. Meine Mutter hatte im Alter einige Krankheiten und Altersbeschwerden. Aber sie blieb bis zuletzt ein fröhlicher Mensch, der das Leben liebte. Im Urlaub fragte ich sie einmal, wie sie das fertigbrächte, trotz der Beschwerden so fröhlich zu sein. Da sagte sie mit einer fröhlichen Stimme: »Ach das ist doch nicht so schlimm. Das opfere ich auf für meine Kinder und Enkelkinder.«

Ich hätte das Wort »aufopfern« so nicht verwendet. In den siebziger Jahren war dieses Wort bei uns Theologiestudenten eher negativ besetzt. Doch meine Mutter fand kein anderes Wort für das, was sie in ihrer Frömmigkeit gelernt hat. Was sie damit meinte, entspricht aber genau der Verwandlung des Leids in Hingabe, die Jesus in seiner Rede vom guten Hirten beschrieben hat. Meine

Mutter hat sich die Krankheiten nicht ausgesucht. Sie sind ihr von außen widerfahren. Sie haben ihr Leben durchkreuzt.

Die Kunst menschlicher Selbstwerdung besteht darin, das äußere Widerfahrnis in einen Akt der Hingabe und Liebe zu verwandeln. Meine Nichten und Neffen haben das gespürt. Sie sind gerne zur Oma gegangen. Sie haben die Liebe gespürt, die von ihr ausgegangen ist. Wenn dagegen ein Mensch immer nur jammert, dass es ihm so schlecht geht, dann gehen die Menschen nicht gerne zu ihm. Denn nach jedem Besuch gehen sie mit einem schlechten Gewissen weg – einfach deshalb, weil sie gesund sind. Sie trauen sich dann gar nicht mehr, ganz gesund zu sein und sich an ihrer Gesundheit zu erfreuen.

Eine Frau fragte mich, was es denn dem anderen bringe, wenn ich mein Leiden für ihn aufopfere, oder mein Leiden in einen Akt der Liebe zu ihm verwandle. Wir können die Wirkung nicht beweisen. Vor allem sollten wir auf eine eher materialistische Deutung verzichten, wie sie früher oft gemacht wurde: Das Opfer, das ich bringe, bringe dem anderen viele Gnaden. Das ist für mich eine zu äußerliche Erklärung, als ob man die Gnaden messen könnte.

Aber wir können die Wirkung der Verwandlung des Leids in Hingabe psychologisch erklären. Die Verwandlung des Leids in Hingabe bewirkt in mir eine andere Ausstrahlung. Von mir geht dann nicht Bitterkeit, Härte und Anklage aus, sondern Liebe und Freude. Das tut dem anderen gut. Und er spürt, dass er sich von mir angenommen fühlt, dass er so wichtig für mich ist, dass ich mein Leiden für ihn trage. Das tut ihm gut. Er fühlt sich geliebt und angenommen.

In jeder Eucharistie feiern wir die Verwandlung des Leids in Hingabe, wie sie sie uns Jesus in seinem Tod am Kreuz vorgelebt hat. Indem wir Jesu Hingabe feiern, üben wir uns ein, das, was uns täglich widerfährt, in einen Akt der Hingabe zu verwandeln. Das ist eine wichtige spirituelle Übung. Wir haben dann keine Angst vor dem, was uns heute unsere Pläne und unser Wohlbefinden durchkreuzen könnte.

Es wird mir täglich einiges von außen widerfahren: Ein Mitarbeiter kritisiert oder verletzt mich. Mir fällt etwas runter und zerbricht. Ich verpasse einen Zug und komme zu spät. Oder ich verletze mich bei einem kleinen Ungeschick. Ich kann darüber böse sein, mich aufregen und schimpfen. Oder aber ich kann es annehmen und in einen Akt der Liebe verwandeln. Ich gestehe mir ein, dass mich beispielsweise eine Kritik verletzt hat. Aber ich bleibe nicht im Jammern stecken, sondern halte sie Gott hin, dass er sie für mich in Hingabe verwandelt.

Hingabe würde für mich in diesem Fall bedeuten, dass ich mein altes Selbstbild hingebe, das mir so wichtig ist. Die Kritik kratzt an diesem Selbstbild. Wenn mir ein Missgeschick passiert und ich etwas fallen lasse, so beschimpfe ich mich nicht, sondern lasse mein eigenes Bild von mir fallen: das Bild, dass ich alles im Griff habe und mir alles gelingt.

Hingabe meint also nicht nur Hingabe für einen anderen Menschen, sondern auch Hingabe des eigenen Selbstbildes. Das ist die Voraussetzung, um für die Liebe offen zu sein. Wenn ich um das Durchkreuztwerden kreise, bedaure ich mich selbst. Wenn ich mein Kreuz aufbrechen lasse für die Liebe, verwandelt sich das Widerfahrnis in einen Akt der Hingabe.

6 Die Verwandlung des Kreuzes in Herrlichkeit
Joh 12,31–33 und Joh 17,1–5
Lk 24,26 und Lk 23,48

Paulus spricht davon, dass Gott den auferstandenen Jesus erhöht hat: »Darum hat ihn Gott über alle erhöht und ihm den Namen verliehen, der größer ist als alle Namen.« (Phil 2,9) Der Evangelist Lukas hat die Erhöhung im Bild der Himmelfahrt zum Ausdruck gebracht. Jesus ist nach seiner Auferstehung zum Himmel aufgefahren und sitzt nun zur Rechten Gottes.

Johannes hat eine eigene Theologie der Erhöhung entfaltet. Er hat den wörtlichen Sinn dieses Wortes verbunden mit einem symbolischen Sinn. Jesus ist de facto am Kreuz erhöht worden. Man hat das Kreuz aufgerichtet. Jesus hing am Kreuz über den Menschen, die ihn begafften und beschimpften. Doch Johannes sieht darin ein Bild dafür, dass Gott am Kreuz die Herrlichkeit Gottes in Jesus aufleuchten ließ. Das Kreuz ist die Erhöhung in Gott hinein. Das Kreuz ist Vollendung der Liebe und das bedeutet: Am Kreuz wird die Liebe Gottes am sichtbarsten und in dieser Liebe leuchtet Gottes Herrlichkeit aus. Die Verwandlung des Kreuzes in Herrlichkeit wird an zwei verschiedenen Stellen im Johannesevangelium jeweils etwas anders gedeutet. Die erste Stelle ist die Rede Jesu vor den Griechen, die gekommen sind, um Jesus zu sehen. Jesus zeigt ihnen, was sie sehen werden. Und in dem, was sie schauen, sollen sie das Geheimnis seines Lebens und Wirkens erkennen: »Und ich, wenn ich über die Erde erhöht bin, werde alle zu mir ziehen. Das sagte er, um anzudeuten, auf welche Weise er sterben werde.« (Joh 12,32f)

Hier wird die Gebärde des Kreuzes, das Angenageltsein und Ausgestrecktsein am Kreuz, verwandelt in eine Gebärde der Umarmung. Wer am Kreuz angenagelt ist, ist den Blicken der Zuschauer ausgesetzt. Er ist hilflos. Er kann sich nicht wehren. Doch Johannes deutet diese Gebärde anders: Jesus umarmt uns am Kreuz. Er umarmt uns mit unseren Verletzungen, mit all den Wunden, die wir bei der Betrachtung der Passion Jesu an uns selbst entdecken. Die Passion Jesu ist ein Spiegel, in dem wir unsere eigenen Verwundungen und Kränkungen erkennen. Doch die Gebärde der Umarmung sagt: Jesus umarmt in mir das verletzte Kind, das verlassene, übersehene, zu kurz gekommene Kind.

Und Kreuz ist zugleich ein Bild für die Einheit aller Gegensätze. Die vier Balken bringen die Gegensätze dieser Welt zusammen. So kann ich im Blick auf das Kreuz mich umarmt fühlen mit allen meinen Gegensätzen: mit dem Starken und Schwachen in mir, dem Gesunden und Kranken, dem Gelungenen und Misslungenen, mit dem Gelebten und Ungelebten, mit meinem Glauben und meinen Zweifeln.

Jesus wird am Kreuz erhöht, nicht um angegafft zu werden, sondern um uns alle vom Kreuz herab zu umarmen. Es ist die vollendete Liebe Jesu und die zur Vollendung gelangte Liebe Gottes, die uns vom Kreuz herab entgegenkommt und uns umarmt.

Im Hohepriesterlichen Gebet zeigt uns Jesus ein anderes Bild von Erhöhung. Vor seinem Leiden betet Jesus zu Gott: »Vater, die Stunde ist da. Verherrliche deinen Sohn, damit der Sohn dich verherrlicht.« (Joh 17,1) Jesus bittet den Vater nicht, ihn vom Tod zu erretten, sondern seinen Tod am Kreuz in Herrlichkeit zu verwandeln. Gott soll seinen Sohn verherrlichen, indem Jesu Liebe sich nicht vom Hass der Mörder beeinträchtigen lässt, sondern als reine Liebe über die Grausamkeit der Menschen siegt.

Und dann fährt Jesus fort: »Ich habe dich auf der Erde verherrlicht und das Werk zu Ende geführt, das du mir aufgetragen hast. Vater, verherrliche du mich jetzt bei dir mit der Herrlichkeit, die ich bei dir hatte, bevor die Welt war.« (Joh 17,4f)

Jesus hat seine Aufgabe so verstanden, dass er in seinem Wirken die Herrlichkeit Gottes, die »doxa theou«, den Glanz Gottes aufstrahlen lässt. Schon bei der Menschwerdung heißt es, dass die Herrlichkeit Gottes im Fleisch Jesu aufleuchtet: »Das Wort ist Fleisch geworden und hat unter uns gewohnt, und wir haben seine Herrlichkeit gesehen, die Herrlichkeit des einzigen Sohnes vom Vater, voll Gnade und Wahrheit.« (Joh 1,14)

In der Gestalt Jesu leuchtet Gottes Herrlichkeit, Gottes Lichtglanz auf. Dieser Glanz ist verhüllt. Er leuchtet aber immer wieder auf, wenn Jesus ein Wunder wirkt. So heißt es beim ersten Wunder, der Verwandlung von Wasser in Wein bei der Hochzeit zu Kana: »So tat Jesus sein erstes Zeichen, in Kana in Galiläa, und offenbarte seine Herrlichkeit, und seine Jünger glaubten an ihn.« (Joh 2,11)

In den Wundern leuchtet Gottes Herrlichkeit in besonderer Weise auf. Am klarsten jedoch leuchtet Gottes Lichtglanz am Kreuz auf. Herrlichkeit und Lichtglanz hat immer mit Liebe zu tun. Weil die Liebe hier am Kreuz über den Hass siegt, leuchtet Gottes Herrlichkeit deutlicher auf als je zuvor im Wirken Jesu.

Die frühe Kirche hat diese Verwandlung des Kreuzes in Herrlichkeit so verstanden, dass sie das Kreuz mit vielen Diamanten geschmückt hat. Das Kreuz wurde in seinem Glanz den Gläubigen gezeigt. So war es für die Christen ein Bild der Hoffnung, dass auch ihr Kreuz schon jetzt der Ort ist, an dem sie Gottes Herrlichkeit erahnen können. Wenn ich mitten in meinem Leiden auf den Glanz des Kreuzes schaue, schöpfe ich Vertrauen, dass auch ich durch das Kreuz, das ich gerade zu tragen habe, aufgebrochen für die Liebe werde und dass auch in mir die Liebe das Leid verwandelt.

Lukas hat eine andere Theologie der Verwandlung des Kreuzes in seinem Evangelium. Das Kreuz ist für ihn ein Durchgang zur Herrlichkeit. So deutet Jesus selbst sein Kreuz den Emmausjüngern: »Musste nicht der Messias all das erleiden, um so in seine Herrlichkeit zu gelangen?« (Lk 24,26)

Das Kreuz ist noch nicht der Ort der Herrlichkeit Gottes, sondern der Durchgang zum Lichtglanz Gottes. Das gilt für Jesus und es gilt auch für seine Jünger. Auch für uns ist das Kreuz Durchgang zur »doxa theou«. »Doxa« bedeutet Gestalt, Glanz, Licht. Das Kreuz führt uns nicht nur in die Herrlichkeit Gottes, sondern auch in die einmalige Gestalt, die Gott jedem von uns zugedacht hat. Das Kreuz bricht uns auf für unser wahres Wesen, für das einzigartige Bild Gottes in uns.

Das gilt schon jetzt in unserem Leben. Da ist das Kreuz der Weg in unsere ursprüngliche Gestalt. In der Apostelgeschichte drückt Lukas das so aus: »Durch viele Drangsale müssen wir in das Reich Gottes gelangen.« (Apg 14,22) All das, was uns drückt und bedrängt, was uns Angst macht und verwirrt, ist der Durchgang zum Reich Gottes. Das Reich Gottes können wir als Ziel unseres Lebens sehen. Im Tod werden wir in das Reich Gottes eingehen. Aber es ist auch hier und jetzt schon in uns. Die Bedrängnisse unseres Lebens wollen uns in den inneren Raum der Stille hineinführen, in dem Gott in uns herrscht. Dort, wo Gott in uns herrscht, sind wir frei von allen Drangsalen, von allem, was uns drückt und einengt.

In der lukanischen Passionserzählung leuchtet noch ein anderes Bild der Verwandlung auf: Verwandlung durch Schauen. Lukas beschreibt die Reaktion der Menschen auf den Tod Jesu am Kreuz so: »Alle, die zu diesem Schauspiel herbeigeströmt waren und sahen, was sich ereignet hatte, schlugen sich an die Brust und gingen betroffen weg.« (Lk 23,48) Hier geschieht die Verwandlung durch Schauen.

Lukas bezieht sich hier auf das Verständnis des Schauspiels, wie es der griechische Philosoph Aristoteles gelehrt hat. Für Aristoteles führt das Schauspiel zur »katharsis«, zur Reinigung der Emotionen. Indem die Menschen auf diesen Jesus am Kreuz schauen, der auch mitten in den Beschimpfungen und Beleidigungen, die er am Kreuz erfahren hat, gerecht geblieben ist, werden auch sie in gerechte Menschen verwandelt.

Lukas drückt die Verwandlung durch zwei Bilder aus. Die Menschen schlagen sich an die Brust. Das kann Zeichen der Betroffenheit sein oder auch der Umkehr. Man könnte aber auch sagen: Sie schlagen sich an die Brust, um mit dem göttlichen Kern in sich selbst in Berührung zu kommen, um das gerechte Wesen in sich zu spüren. Das andere Wort ist »hypestrephon«. Es meint eigentlich: »umkehren oder zurückkehren«. Lukas verzichtet darauf anzugeben, wohin die Menschen zurückkehren. Daher hat das Wort hier die Bedeutung von innerer Umkehr, von innerer Verwandlung.

Indem die Menschen auf Jesus schauen, der am Kreuz selbst seinen Mördern vergeben hat, der dem rechten Schächer das Paradies verheißen hat und der voller Vertrauen sich im Tod in Gottes liebende Arme fallen lässt, werden sie verwandelt. Da verliert der Tod seinen Schrecken. Und die Menschen hören auf, sich selbst zu beschuldigen. Sie können vertrauen, dass Jesus auch ihnen alle

Schuld vergibt und dass er auch ihnen trotz aller Vergehen – wie dem rechten Schächer – das ewige Leben zuspricht. Allein durch das Schauen geschieht Umkehr und Verwandlung. Und indem wir auf das Kreuz schauen, erkennen wir unser wahres Wesen, unser wahres Selbst, den inneren Raum in uns, in dem das Reich Gottes schon in uns ist.

Die Volksfrömmigkeit hat dieses Schauen auf das Kreuz und auf Jesus, der am Kreuz hängt, in der Verehrung der fünf Wunden Jesu zum Ausdruck gebracht. Die Volksfrömmigkeit ist der Versuch, das Geschehen der Bibel in unseren Alltag hineinzuübersetzen und es in unsere Erfahrung hineinzubringen. Indem wir die fünf Wunden Jesu anschauen, können sich unsere Wunden wandeln. Die Künstler haben das oft so dargestellt, dass sie die Wunden Jesu golden gemalt haben. Also gerade das, was am meisten schmerzt, wird in etwas Kostbares verwandelt.

Wie Jesus haben auch wir zwei Fußwunden. Die Fußwunden erinnern uns daran, dass wir keinen guten Stand haben, kein Stehvermögen, dass wir nicht zu uns stehen können. Wir haben wenig Selbstvertrauen. Wir fallen oft gleich um, wenn uns jemand kritisiert. Und wir sind nicht frei. Wir durften nicht die Wege gehen, die wir gehen wollten. Wir waren angenagelt an das Kreuz, bewegungsunfähig.

Die Herzwunde verweist uns auf die Verletzungen, die wir in der Liebe erfahren haben. Wir haben einen Menschen geliebt, doch der hat unsere Liebe missbraucht. Er hat uns durch Worte verletzt. Oder aber er hat uns allein gelassen, er hat unsere Liebe verraten. Indem wir auf die Herzwunde Jesu schauen, kann unsere Liebeswunde geheilt werden. In ihr kann schon das Gold aufleuchten, mit dem die Künstler die Herzwunde Jesu dargestellt haben.

Die Herzwunde zeigt uns, dass unter der verletzten Liebe die göttliche Liebe aufleuchtet, die uns niemand nehmen kann. Die verwundete Liebe bricht uns auf für die Quelle der Liebe, die auf dem Grund unserer Seele strömt. Es ist die Liebe, von der Johannes in seinem Brief schreibt: »Gott ist Liebe, und wer in der Liebe bleibt, bleibt in Gott, und Gott bleibt in ihm.« (1 Joh 4,16)

In den Handwunden Jesu erkennen wir unsere Handwunden. Wir sind festgenagelt worden auf ein bestimmtes Bild. Man hat uns in eine Schublade gesteckt, aus der wir nicht mehr herauskommen. Oder man hat uns festgehalten, eingeklammert, so dass wir nicht frei atmen und unser Leben nicht leben konnten. Oder aber man hat uns fallen gelassen. Jemand hat die schützende oder bergende Hand weggezogen. Wir haben uns schutzlos und ungeborgen gefühlt.

Es gibt auch die entwertende Hand. Mit einer Handbewegung zeigt uns ein anderer, dass wir nichts wert sind. Und es gibt die abweisende Hand, die uns ablehnt. Und es gibt die schlagende Hand, die uns verletzt und demütigt. Denn der Gewalt eines Menschen ausgesetzt zu sein, demütigt uns und raubt uns unsere Würde.

Indem wir alle unsere Fußwunden, Herzwunden und Handwunden Gott hinhalten und Gottes Liebe in sie einströmen lassen, können wir uns vorstellen, wie sie sich langsam wandeln und wie sie golden werden. Die Wunden werden zu etwas Kostbarem. Wir haben sie erfahren. Das macht uns wertvoll und kostbar.

Hildegard von Bingen hat diese Verwandlung in dem Bild ausgedrückt, dass unsere Wunden in Perlen verwandelt werden. In unseren Wunden entdecken wir auf einmal den Schatz, der in uns ist, unsere Fähigkeiten, unser wahres Selbst. Wir bleiben nicht an der Oberfläche stehen, sondern gehen durch die Wunden hindurch in den Grund unserer Seele, der nach den Mystikern ein heller, leuchtender und manchmal goldener Grund ist.

7 Die Verwandlung des Todes
Lk 24,1–12

Auferstehung ist die Verwandlung schlechthin. In ihr verwandelt Gott den Tod in das Leben, die Dunkelheit in Licht, die Erstarrung in Lebendigkeit, die Angst in Vertrauen, das Grab in einen hellen Ort, an dem ein oder zwei leuchtende Engel sitzen. Die Auferstehung Jesu schenkt uns die Hoffnung, dass es in uns nichts gibt, was nicht verwandelt werden kann, dass auch unser Scheitern zu einem Neuanfang werden kann und dass jedes Kreuz, das uns drückt, in Freiheit und Weite verwandelt wird.

Weihnachten, Ostern und Pfingsten sind je auf eigene Weise Feste der Verwandlung. Die Menschwerdung Gottes vergöttlicht unser Leben, die Auferstehung verwandelt das, was in uns erstarrt und erstorben ist, zu neuem Leben, und der Heilige Geist vollendet an Pfingsten die Verwandlung, die an Ostern in uns begonnen hat. Viele andere Feste des Kirchenjahres könnte man ebenfalls als Feste der Verwandlung feiern, vor allem die Heiligenfeste, die uns jeweils auf neue Weise zeigen, wie Menschen von Gottes Geist verwandelt werden.

Gehen wir der Auferstehungsgeschichte nach, wie sie uns Lukas überliefert. Da gehen Frauen frühmorgens mit wohlriechenden Salben zum Grab. Sie möchten den geliebten Toten einbalsamieren. Sie möchten ihn für immer schön herrichten, für immer in guter Erinnerung halten. Doch Jesus lässt sich nicht einbalsamieren, er lässt sich nicht festhalten. Er ist auferstanden.

Das erste Zeichen seiner Auferstehung ist der Stein, der vom Grab weggewälzt ist. Der Stein, der das Grab behütet, ist ein Bild für die vielen Steine, die auf uns liegen. Da liegt gerade dort ein Stein auf uns, wo etwas in uns leben und aufblühen möchte, und er hindert uns am Leben. Er verhindert, dass unsere Ahnungen von Leben, die immer wieder in uns auftauchen, Wirklichkeit werden. Er blockiert uns, hält uns davon ab, aufzustehen, aus uns herauszugehen, auf andere zuzugehen.

So ein Stein kann die Sorge für unsere Zukunft sein oder auch für die Zukunft dieser Erde. Er kann die Angst sein, die auf uns lastet, die Angst vor dem Versagen, die Angst, das zu sagen, was wir spüren, weil wir uns blamieren könnten, weil wir die Zuwendung und Bestätigung der anderen verlieren könnten. Der Stein kann die Unsicherheit und Hemmung sein, die uns nicht ausbrechen lassen aus dem Bild, das andere uns übergestülpt haben. Aber auch andere Menschen können als Stein auf uns liegen. Sie können uns im Weg liegen als Stolpersteine, sie können uns aber auch das Tor zum Leben versperren.

Wenn ein Stein auf unserem Grab liegt, vermodern und verwesen wir darin. Solange wir unsere tiefsten Gefühle und Bedürfnisse im Grab verschließen, solange werden wir vom Leben ausgeschlossen. Was da aber in unserem Grab verfault, das wirkt sich mehr und mehr auch in unserem bewussten Leben aus, das verbreitet einen üblen Geruch bis in unseren Leib hinein.

Der erste Schritt, wie wir selbst die Verwandlung der Auferstehung an uns erfahren können, besteht darin, in das Grab einzutreten. Wie die Frauen müssen wir in das Grab unserer Angst und unserer Traurigkeit hineinsteigen, in das Grab unserer verdrängten Wünsche und Bedürfnisse, unserer Dunkelheit, unserer Resignation und unseres Selbstmitleids: Wir müssen das Grab unseres Schattens betreten, indem wir alles vergraben haben, was wir vom Leben abgeschnitten haben.

Wir können aber nur deshalb in unser Grab hineinsteigen, weil es Gott in der Auferstehung Jesu bereits geöffnet hat. Es ist nicht mehr der Ort des Schreckens und der Angst. In unserem Grab, so sagt uns Lukas, finden wir mit den Frauen zwei Männer in leuchtenden Gewändern. Sie verkünden uns, dass der Herr auferstanden ist, dass er unser Grab verwandelt hat. Wenn wir tief genug in unser Grab hineingehen, werden wir auf seinem Grund diese lichtvollen Boten entdecken, die uns auf das göttliche Leben hinweisen, das aus dem Grab emporgestiegen ist.

Grab meint alles, was wir vom Leben ausgeschlossen haben, was wir verdrängt haben, weil es uns zu unangenehm war oder mit unserem Selbstbild nicht zusammen gepasst hat. In unserem Grab liegen unsere verdrängten Aggressionen und Bedürfnisse, unsere unterdrückten Gefühle und Wünsche. Wenn wir mit den Frauen in das Grab unserer Traurigkeit und Angst, in das Grab unserer verdrängten Lebensimpulse hineinsteigen und wenn wir mit unserer Traurigkeit, mit unserer Angst, mit unseren verdrängten Gefühlen und Antrieben sprechen, dann werden sie sich in leuchtende Boten verwandeln, die uns den Weg zum wahren Leben weisen und die uns auf den Schatz hinweisen, der in uns vergraben liegt.

Die Engel der Auferstehung stehen schon mitten in unserem Grab. Sie verkünden uns, dass gerade dort, wo wir nur Totes sehen, Leben aufblüht, dass Gott alles in uns schon verwandelt hat. Wir brauchen diese Boten Gottes, damit wir in unserem Grab schon das Leben entdecken. Ohne sie blieben wir fixiert auf die Dunkelheit und Starre unseres Herzens.

Menschen, aus denen das Licht Gottes leuchtet, erhellen uns unser Grab. Wir können nur in unser Grab hineinsteigen, weil wir wissen, dass uns dort diese Boten erwarten. Das können spirituelle oder therapeutische Begleiter sein, die uns die Augen öffnen, dass in unserem Grab das Leben schon auferstanden ist, dass auf dem Grund unseres Herzens Gott das Tote schon in Leben verwandelt hat. Es können aber auch innere Engel sein, die Gott uns im Gebet geschickt hat.

Der Glaube an die Auferstehung befreit uns von dem Leistungsdruck, als ob wir alles selbst verwandeln müssten. Er befreit uns auch von dem schlechten Gewissen, wenn wir uns trotz Ostern nicht österlich fühlen, wenn wir trotz geöffnetem Grab uns immer noch traurig und resigniert erleben. Mitten in unserem Grab ist schon Auferstehung geschehen, ist schon alles verwandelt, auch wenn wir es noch nicht spüren. Wenn wir mit den Frauen in das Grab unserer eingekerkerten Gefühle und Bedürfnisse hineinsteigen, dann werden die Engel uns mitten in unserem Grab verkünden, dass Christus auch in uns schon auferstanden ist.

Die beiden Gottesboten reden die erschrockenen Frauen an: »Was sucht ihr den Lebenden bei den Toten? Er ist nicht hier, er ist auferstanden.« (Lk 24,5) Wir begegnen zwar in unserem Grab den Engeln der Auferstehung, aber nicht dem Auferstandenen selbst. Um ihn zu finden, müssen wir aus dem Grab heraustreten und in die Stadt gehen. Wir finden den Auferstandenen nicht in unserer Vergangenheit, nicht im ständigen Kreisen um vergangene Wunden und Verletzungen.

Wir müssen in das Grab unserer Vergangenheit hineinsteigen, wir müssen uns ihr stellen, aber wir dürfen uns nicht darin einrichten. Auferstehung ist die Verwandlung der eigenen Vergangenheit. Auferstehung meint Aufstehen mitten aus den Verletzungen und Verwundungen meiner Vergangenheit, Aufstehen aus meiner Empfindlichkeit und Angst, Aufstehen aus dem Grab meiner Traurigkeit und meines Selbstmitleids. Auferstehung ist der Glaube daran, dass Gott mich ganz und gar neu machen kann, dass er meine Vergangenheit in neues Leben verwandeln kann.

»Was sucht ihr den Lebenden bei den Toten?«, bedeutet aber auch, dass wir aufhören sollen, den Auferstandenen in dem zu suchen, was tot ist: etwa im Erfolg, im Geld, im Besitz, in der Anerkennung von Menschen. All das ist tot im Vergleich zum Leben, das aufblühen möchte, das aufstehen möchte, um in Freiheit sich zu entfalten.

Manche suchen auch heute noch den Lebenden bei den Toten, wenn sie ihn in der Tradition suchen, im Festhalten vergangener Formen und Lehren, im Konservieren toter Normen und Prinzipien. Wir finden den Lebenden nicht bei den Toten, nicht in toten Lehren, nicht in toten Buchstaben des Gesetzes. Christus ist keine starre Norm, sondern ein lebendes Vorbild. Er bricht gerade die engen Fesseln pharisäischer Normen und schenkt uns befreiendes Leben.

Normen und Prinzipien können uns vom Leben abhalten und ausschließen. Auferstehung ist der Aufstand gegen alle Hindernisse des Lebens, gegen alles, was Leben einengt, kreuzigt und vernichtet. Die göttlichen Boten erinnern die Frauen an die Worte, die Jesus während seines Lebens zu ihnen gesprochen hat, dass er den Sündern ausgeliefert und gekreuzigt, am dritten Tage aber auferstehen werde. Die Erinnerung ist kein Festhalten. In der Erinnerung wird der lebendige Christus in den Frauen wieder wach. Und als sie sich an seine Worte und in seinen Worten an ihn selbst erinnern, da steigen sie aus dem Grab und kehren in die Stadt zurück, um dort den Jüngern alles zu verkünden.

In unserer Stadt – mitten in unserem Alltag, in unserer Arbeit, in unseren Beziehungen, in unserem Miteinander – werden wir dem Auferstandenen begegnen. Die Auferstehung will unsere Stadt verwandeln. Für die Frauen, die ins Grab hineingestiegen und dort den Männern im Licht begegnet sind, hat sich auch die Stadt verwandelt. Der Glaube an die Auferstehung, die große Verwandlung unseres Lebens, wird uns den Blick schärfen, dass auch wir mitten in unserer Stadt Auferstehung immer wieder erleben dürfen.

Da kommen auf einmal verfahrene Beziehungen wieder in Gang, da brechen innere Blockaden auf, da halten uns unsere Ängste nicht mehr vom Leben ab. Da erleben wir Menschen, die wir aufgegeben und totgeschrieben haben, auf neue Weise. Da entdecken wir auch in ihnen den Schatz, der in ihnen vergraben ist. Da leuchtet uns aus ihren leeren Augen neues Licht entgegen. Da verliert unsere Arbeit das Eintönige und Nervtötende, da bekommen wir auf einmal Fantasie, da haben wir Lust daran, etwas zu gestalten und zu formen. Da kommt auf einmal das Gespräch, das längst verstummt ist, wieder in Gang. Wir reden nicht mehr aneinander vorbei, sondern erzählen von uns und unseren Erfahrungen. Und so wird Gemeinschaft möglich. Mauern zwischen uns reißen ein, Nähe, Offenheit, Begegnung wird erfahrbar.

Aber so leicht gelingt Auferstehung mitten in unserer Stadt nicht immer. Die Apostel halten alles, was ihnen die Frauen erzählen, für Geschwätz, für Weibergeschwätz. Sie trauen ihnen nicht, sie trauen nur ihrem eigenen Denken und ihren eigenen Argumenten. Die Frauen stehen hier für unsere anima, für unsere weiblichen

Seiten, und sie stehen für unsere Seele, für die inneren Ahnungen, die wir haben, für die Ahnungen von neuen Möglichkeiten, für die Ahnung, dass echte Beziehung, Zärtlichkeit, Intimität, Ehrlichkeit, Offenheit, Echtheit möglich sind.

Auferstehung meint, dass wir den Frauen in uns trauen, dass wir der inneren Stimme trauen, die uns auffordert, auf einen anderen zuzugehen, ihm das zu sagen, was wir schon längst einmal sagen wollten, was wir uns aber immer versagt haben, aus Angst, es könnte nicht gut ankommen, man könnte uns missverstehen. Auferstehung meint, unserer Seele zu trauen, die leben möchte, den inneren Empfindungen, den inneren Bildern, dem Reichtum unserer Innenwelt Vertrauen zu schenken.

Aber oft genug kommen dann auch in uns die Männer zum Vorschein, die alles als Geschwätz abtun. Es sind die Stimmen unseres Verstandes, die uns vorhalten, das sei alles Unsinn. Man müsse einfach seine Pflicht tun. Nur was man sehe, würde stimmen. Da könne man halt nichts machen. Das sei halt so. Wir sollten realistisch sein und nicht unseren Träumen trauen.

Diese Männer in uns würgen das Leben oft genug ab, das in uns aufblühen möchte. Da ahnen wir, dass wir einmal über unsere innersten Gefühle sprechen könnten, dass wir über unser Grab und seine Verwandlung reden könnten. Und dann kommen die Männer in uns und werten unsere Gefühle, unsere Ahnungen, unser Gespür als Unsinn, als Weibergeschwätz ab. Die Männer in uns verhindern die Verwandlung unseres Lebens.

Petrus wird zwar trotzdem neugierig und läuft zum Grab. Er muss die Angaben der Frauen bestätigen, aber er versteht nicht, was wirklich geschehen ist. Er weigert sich, die Deutung der Frauen zu übernehmen. Er bleibt bei den Argumenten seines Verstandes. Aber immerhin ist er voller Verwunderung. Das Gesehene hat zumindest die Argumente seines Verstandes etwas erschüttert. Es hat schon einen Stachel in seinen Verstand gelegt, der nur noch Verstärkung braucht, damit das Bollwerk des Verstandes überwunden werden kann. Die Männer müssen von Jesus erst noch in die Schule genommen werden, bevor sie dem Auferstandenen wirklich begegnen können. Sie müssen lernen, wie die Emmausjünger über ihre Gefühle zu reden. Dann kann der Auferstandene zu ihnen treten. Und sie müssen sich miteinander versammeln, miteinander beten und sich über ihre Erfahrungen und Ängste austauschen. Dann kann Auferstehung auch für sie geschehen.

8 Pfingsten als Fest der Verwandlung
Apg 2,1–13

Pfingsten ist das Fest, an dem die Verwandlung, die an Ostern begonnen hat, nicht nur am einzelnen, sondern in der Gemeinschaft der Kirche sichtbar und erfahrbar wird. Die Zahl Fünfzig gibt schon an, dass die Verwandlung, die in der Auferstehung Jesu Christi geschehen ist, zur Vollendung kommt. Fünfzig steht für Vollendung. »Der fünfzigste Tag gehört nicht mehr zur alten Welt der ewigen Wiederkehr, der endlosen Wiederholung, der Mühsal und Unterdrückung, sondern hat schon Anteil an der kommenden Weltzeit des Reiches Gottes.« (Betz 153)

Fünfzig Tage nach Ostern feierten die Juden das Fest der Weizenernte. Jedes fünfzigste Jahr war ein Jubeljahr, in dem alle Schulden erlassen wurden und Gottes Ordnung der Freiheit wieder durchbrach. Vierzig Jahre musste Israel durch die Wüste ziehen, vierzig Jahre – so meint Papst Gregor der Große – muss der Mensch warten, bis er in das verheißene Land kommt, bis er ganz er selbst wird. Dann muss er noch zehn Jahre warten, bis der Heilige Geist ihn verwandelt und ihn befähigt, andere zu begleiten. Meister Eckehart nennt den Heiligen Geist den »Geist der Wandlung«. (Vgl. Fox 281) Und Johannes Tauler, der Zeitgenosse Meister Eckeharts, meint, ohne die Verwandlung durch den Heiligen Geist könne keiner ein Mensch des Himmels werden, auch wenn er sich spirituell noch so sehr anstrenge. Johannes Tauler greift das Bild Papst Gregors auf, wenn er schreibt, vor dem vierzigsten Lebensjahr habe der Mensch keine wirkliche Gotteserfahrung. Zwischen dem vierzigsten und fünfzigsten Lebensjahr sei die Zeit, in der der Heilige Geist den Menschen durch »das Gedränge« verwandle und ihn in alle Wahrheit einführe.

Die Liturgie hat diese Symbolik übernommen, wenn sie im Anschluss an das Lukasevangelium vierzig Tage nach Ostern Christi Himmelfahrt feiert und am fünfzigsten Tag Pfingsten. Fünfzig zielt auf das Ganzwerden des Menschen. An Pfingsten feiern wir nicht ein Geschehen an Jesus Christus, sondern an den Jüngern, an den Menschen, wir feiern unsere eigene Verwandlung. An Pfingsten verwandelt der Heilige Geist die verängstigten Jünger zu Zeugen der Auferstehung Christi. Und er verwandelt Menschen, die einander fremd sind, zu einer großen Gemeinschaft.

Lukas hat diese Verwandlung an Pfingsten in verschiedenen Bildern beschrieben. Da kam »plötzlich vom Himmel her ein Brausen, wie wenn ein heftiger Sturm daherfährt, und erfüllte das ganze Haus, in dem sie waren« (Apg 2,2). Der Heilige Geist kommt in Gestalt des Sturmes, des Windes auf die Jünger herab. Photina Rech nennt den Wind eines der geheimnisvollsten Wesen der Schöpfung. »Dieser Unsichtbare, Ungreifbare, launisch Unberechenbare, wild wie ein Krieger, übermütig wie ein Knabe und zart wie ein Liebender, bald Sturm, bald linder Hauch.« (Rech 9) Wenn wir uns in den Wind stellen, kann er uns durchwehen, alles Verbrauchte und Verstaubte aus uns herausblasen, er kann uns aber auch liebevoll streicheln. Im Wind kann ich Gottes Geist erahnen als den zärtlich Streichelnden, aber auch als den großen Wandler, der das Starre bricht, das Feste und Geordnete durcheinanderwirbelt und das Alte erneuert.

Im Hebräischen bedeutet »ruah« zugleich Geist Gottes wie Odem, Hauch Gottes. Das griechische »pneuma« und das lateinische »spiritus« haben diese Doppelbedeutung von Wind und Atem beibehalten. Für die Bibel kommt aller Wind und Odem, der die Welt durchweht, von Jahwe, »der Windhauch in den Weiten der Schöpfung ebenso wie der Atem im lebenden Wesen« (Rech 17).

Gott hat in der Schöpfung allem seinen Lebensatem eingehaucht und somit das Starre zum Leben verwandelt. »Durch den Hauch seines Mundes« (Ps 33,6) wurden die Himmel geschaffen. Auch Adam wurde durch den Hauch aus dem Mund Gottes zum Leben erweckt: »Da formte Gott, der Herr, den Menschen aus Erde vom Ackerboden und blies in seine Nase den Lebensatem. So wurde der Mensch zu einem lebendigen Wesen.« (Gen 2,7) Durch den Geist Gottes wurde alles erschaffen und der Geist Gottes erneuert fortwährend das Antlitz der Erde. (Vgl. Ps 104,30)

An Pfingsten strömt der Gottesgeist in die Jünger und verwandelt die furchtsamen Herzen zu mutigen Bekennern. Weil die Menschen durch die Sünde vergreist waren, hat Christus den Aposteln seinen Odem eingehaucht und sie so neu geschaffen. So versteht Severian von Gabala, ein oströmischer Bischof des ausgehenden 4. Jahrhunderts, das Geheimnis von Pfingsten: »Jene Einhauchung, die Adam verloren hatte, hat Christus wiederhergestellt, und so ward aufs neue der Mensch zu einem lebenden Wesen.« (Rech 26) An Pfingsten – so meint Cyrill von Alexandria, ein Zeitgenosse des Severian – tritt der Geist, den Christus den Aposteln eingehaucht und durch die er sie neu geschaffen hat, offen in Erscheinung, da schafft sich der Geist eine neue Gemeinde.

Die Kirchenväter sehen in unserem Atem immer auch ein Bild für den Atem Gottes, der uns verwandelt. Wir können unseren Atem gar nicht mehr vom Atem Gottes unterscheiden. Wir spüren nur seine verwandelnde Wirkung. Unsere Angst wird in Vertrauen, unsere Feigheit in Mut und unsere Schwäche in Stärke verwandelt.

Seit jeher haben die Alten dem Atem eine heilende und verwandelnde Kraft zugetraut. Alle Wandlung geht über den Atem. Der ruhige Atem bewirkt im Menschen Ruhe, der ungestüme Atem verdunkelt den Geist. Wenn wir den Atem bewusst in bestimmte Körperbereiche strömen lassen, können wir die verwandelnde Wirkung beobachten. Wenn ich den Atem an eine schmerzende Stelle schicke, kann sich der Schmerz lösen. Der bewusste Atem verwandelt nicht nur die Wahrnehmung des Leibes, sondern auch die tatsächliche Beschaffenheit. Wenn ich bewusst in meine Hände atme, werden sie wärmer. Wenn ich versuche, ruhig zu atmen, werde ich innerlich ruhiger, meine Gedanken und Gefühle kommen zur Ruhe.

An Pfingsten feiern wir die Verwandlung unseres Leibes und unserer Seele durch den göttlichen Odem, durch den göttlichen Geist. Gottes Geist ist uns so nahe wie unser Atem. Er begegnet uns nicht von außen, sondern er durchströmt uns, er durchdringt unseren Leib und unsere Seele von innen her.

Das zweite Bild, mit dem Lukas die Verwandlung von Pfingsten beschreibt, ist das des Feuers. »Es erschienen ihnen Zungen wie von Feuer, die sich verteilten; auf jeden von ihnen ließ sich eine nieder.« (Apg 2,3) Feuer ist Symbol für die Lebendigkeit. Es gibt Menschen, die feurige Augen haben, deren Augen vor Lebendigkeit sprühen. Sie können begeistern, entflammen. Bei Ihnen springt ein Funke auf den anderen über.

Um das Feuer kreisen viele Mythen. Das irdische Feuer gilt vielen Völkern als Feuer aus der Höhe. Es kommt aus dem Himmel zu uns, es ist als Sternenfeuer auf unsere Erde gelangt. Feuer ist für den griechischen Philosophen Heraklit »das göttliche Urprin-zip der Welt, ihr Grundstoff und ihre allbelebende, allbeseelende Kraft« (Rech 52). Für das alltägliche Leben hatte das Feuer am Herd eine prägende Kraft. »Das Feuer brennt im häuslichen Herd und spendet behagliche Wärme, traute Geborgenheit; nicht um-sonst galt der Herd bei den Alten als Asyl, zu dem der Verfolgte flüchten durfte. Das Feuer schafft die Atmosphäre des Heims, es wehrt der Kälte und erhellt mit seinem warmen Schein die Fins-ternis. Es macht die Speisen bekömmlich und mundgerecht, es härtet den Ton und läutert das Metall; im Feuer wird das Eisen geschmiedet, durch Feuer und Wärme bekämpft man Seuchen, heilt Wunden und Krankheiten und erhält das Leben stark und gesund.« (Rech 51)

Wenn Lukas an Pfingsten den Heiligen Geist in Feuerzungen auf die Jünger herabkommen sieht, dann hat er sicher die verwan-delnde Kraft des Feuers im Blick, wie sie die griechische Mytholo-gie beschrieben hat. Das Feuer hat für die Alten die Funktion, zu reinigen und zu verwandeln. Das Gold wird im Feuerofen geläu-tert, alles Unreine wird im Feuer vernichtet. Jesus selbst sagt von sich: »Ich bin gekommen, um Feuer auf die Erde zu werfen. Und wie froh wäre ich, es würde schon brennen!« (Lk 12,49) Er wollte die Menschen mit seiner Botschaft verwandeln.

Origenes überliefert das apokryphe Jesuswort: »Wer mir nahe ist, ist dem Feuer nahe.« (Grundmann 270) Jesus selbst ist das Feuer, das uns verwandelt. Man kann sich Christus nicht unver-bindlich nahen. Sein Wort und seine Nähe sind wie Feuer, das uns erfasst. Lukas versteht das Feuer, das Jesus auf die Erde wirft, als den Heiligen Geist, den er uns als Auferstandener sendet. Bevor er das Feuer des Heiligen Geistes auf die Erde wirft, muss er selbst mit Feuer getauft werden. Und er wird uns, so sagt es Johannes der Täufer, »mit dem Heiligen Geist und mit Feuer taufen« (Lk 3,16).

Augustinus versteht die Taufe als ein Verwandeltwerden im Feuer des Heiligen Geistes: »Sei fest wider das Feuer! Du musst gekocht werden. Wie ein Tongefäß wirst du in den Feuerofen geworfen, damit das Gebilde gefestigt werde. Ein durch Feuer erhärtetes Gefäß fürchtet das Wasser nicht.« (Rech 81)

Origenes sieht Christus selbst als das Feuer, in dem wir gebrannt werden müssen: »Höre, was die Schrift sagt: Unser Gott ist ein verzehrendes Feuer. (Dtn 4,24) Was verzehrt der Gott, der Feuer ist? ... Der Feuergott verzehrt die menschliche Schuld, er zehrt sie auf, er verschlingt sie, er brennt sie aus, wie er auch an anderer Stelle sagt: Ich werde dich läutern im Feuer, bis du rein bist.« (Rech 84) Origenes versteht das geistliche Leben als ein Geschmolzenwerden im heftigsten Feuer (vehementissimo igne conflari), als Geformt- und Verwandeltwerden im Feuer des Heiligen Geistes. Im Markusevangelium wird uns als Wort Jesu überliefert: »Jeder wird mit Feuer gesalzen werden.« (Mk 9,49) Unsere christliche Existenz ist geprägt durch das Feuer, das unsere Wunden ausbrennt, das das Fremde in uns verbrennt und uns verwandelt zu göttlichem Wohlgeschmack.

Für die Kirchenväter ist das Feuer, das unser Leben verwandelt, durch das Holz des Kreuzes entstanden und uns an Pfingsten geschenkt worden. Das Feuer des Heiligen Geistes reinigt uns durch die Bedrängnisse und Nöte unseres Lebens wie Gold im Feuerofen. Das Feuer des Heiligen Geistes sehen die Kirchenväter in allen Sakramenten am Werk. Das Feuer der Taufe reinigt uns nicht nur, sondern es brennt uns auch das göttliche Siegel ein. Christus, den Gott in der Taufe am Jordan versiegelt hat, prägt uns in der Taufe sein unvergängliches Siegel ein. Er ist nach Origenes »jener, der dich formt nach dem, was droben ist, damit du nicht mehr an dir tragest das Bild des irdischen Menschen« (Rech 77).

Die Verwandlung durch das Feuer des Heiligen Geistes sieht die syrische Jakobusliturgie in jeder Eucharistiefeier dargestellt: »Siehe, die Tore des Himmels öffnen sich, der heilige Geist steigt hernieder und lässt sich herab auf diese heiligen Mysterien. Wir umstehen den Altar mit den Cherubim und Seraphim ... und erfüllen mit ihnen den Dienst des Feuers und des Geistes.« (Rech 78) Das Feuer des Heiligen Geistes verwandelt Brot und Wein in den Leib und das Blut Christi. Es will auch unser Leben verwandeln, damit es mehr und mehr Christus widerspiegelt und Christus ähnlich wird.

Durch das Bild der Feuerzungen will Lukas sagen, dass Gott uns durch seinen Geist entflammt, begeistert, lebendig macht, dass er uns aber auch wie durch Feuer reinigt und läutert, bis alles in uns von der Liebe Gottes durchdrungen ist. Das Feuer ist letztlich Bild für die Liebe Gottes. So singt es das Alleluja an Pfingsten: »Komm, heiliger Geist, erfülle die Herzen deiner Gläubigen und entzünde in ihnen das Feuer deiner Liebe!« Und so sieht es das Hohelied der Liebe: »Stark wie der Tod ist die Liebe, ... ihre Gluten sind Feuergluten, gewaltige Flammen.« (Hld 8,6) Das Feuer des Heiligen Geistes will unser Herz von allem Unlauteren reinigen und es zur reinen Liebe Gottes befähigen.

Das dritte Bild, mit dem Lukas die Wirkung des Heiligen Geistes beschreibt, ist das der neuen Sprache. Die neue Sprache ist schon ausgedrückt im Bild der Feuerzungen, die sich auf die Jünger und Maria herablassen. Der Heilige Geist schenkt den Jüngern und Maria eine Sprache, die wärmt und bei der ein Funke überspringt.

Es ist die Sprache Jesu, von der die Emmausjünger sagen: »Brannte uns nicht das Herz in der Brust, als er unterwegs mit uns sprach?« (Lk 24,32) Die Feuerzungen ermöglichen den Jüngern eine Sprache, die das Herz der Menschen berührt, die es wärmt und die es »brennen« lässt.

Der Gottesgeist verwandelt die Sprache der Jünger, sodass die Menschen aus den verschiedensten Völkern sie verstehen. Obwohl sie sonst verschiedene Sprachen sprechen, verstehen sie nun die Sprache der Jünger, sie verstehen, dass diese Gottes Großtaten verkünden. Nicht nur die verschiedenen Völkersprachen können uns voneinander trennen. Auch in einer einzigen Nation können die Menschen verschiedene Sprachen sprechen. Sie benutzen zwar die gleichen Worte, aber sie meinen etwas anderes. So verbindet Sprache nicht, sondern trennt. Man redet aneinander vorbei. Es gibt keine Kommunikation.

Die Jünger sprechen an Pfingsten eine Sprache, die alle verstehen. Juden aus zwölf verschiedenen Gegenden und mit zwölf verschiedenen Sprachen werden durch ihre Worte im Herzen getroffen. Sie verstehen nicht nur die Grammatik, sondern den tiefsten Sinn der Worte. Das ist eine Ursehnsucht im Menschen, dass wir so miteinander sprechen, dass die Sprache uns im Herzen miteinander verbindet. Die Sprache hebt Welt und Menschen ins Wort und sie schafft Verstehen zwischen den Menschen. Sie kann Gemeinschaft stiften.

Sie kann aber auch verwirren und entzweien. Sie kann missbraucht werden für selbstsüchtige Zwecke. Das Wesen der Sprache aber ist, das Sein selbst zur Sprache zu bringen, Diener des Seins zu sein und damit die Wahrheit offenbar zu machen. So hat der Philosoph Martin Heidegger die Sprache verstanden. An Pfingsten verwandelt der Heilige Geist die Sprachlosigkeit der Jünger, die verstummt waren aus Angst vor den Juden und weil sie das, was sie am Karfreitag erlebten, nicht ins Wort heben und erklären konnten. Solange die Jünger keine Worte für ihre Erfahrungen und Gefühle hatten, ging von ihnen auch nichts aus. Jetzt findet Petrus auf einmal Worte für das Unbegreifliche. Es sind neue, noch nie gehörte Worte. Die Menschen strömen zusammen, um sie zu hören. Sie werden von den Worten in ihrem Herzen getroffen, sie spüren in den Worten Gottes Geist selbst, der sie verwandelt.

So sprechen zu können, dass Gott selbst berührt und erahnt wird, das ist das Ziel aller Sprache. Aber damit die Sprache das leisten kann, muss sie vom Geist Gottes selbst erfüllt, muss sie »durchgeistet« sein. Pfingsten ist die Verwandlung der Sprache, sodass sie die Wahrheit selbst offenbart und Menschen miteinander in der Wahrheit verbindet. Die Sprache gehört wesentlich zum Menschen. In der Sprache versteht der Mensch das Geheimnis seines Daseins. Sprache macht das Dasein überhaupt erst verstehbar.

Martin Heidegger meint, die Sprache sei »das Haus des Seins« und die Menschen müssten wieder lernen, »in der Sprache zu wohnen« (Condrau 998). Wenn ein Mensch sich selbst, seine Gefühle und tiefsten Gedanken, aussprechen kann, dann heilt ihn das. In einer Therapie setzt das Sprechen vergangene Erlebnisse, vergangene Wunden und Verletzungen, gegenwärtig »und die ausgesprochene Vergegenwärtigung führt zur kathartischen Wandlung« (Condrau 998).

Die Jünger hatten nach Tod und Auferstehung Jesu noch keine Sprache, ihre Gefühle, ihre Gedanken, ihre Ahnungen auszusprechen. So waren sie in sich verschlossen, im Haus nur mit sich selbst beschäftigt. Jetzt bekommen sie durch den Heiligen Geist die Gabe der Sprache. Jetzt können sie das, was sie erlebt haben, ins Wort fassen. Und das hat nicht nur für sie eine heilende und verwandelnde Bedeutung, sondern auch für die Menschen um sie herum. Ihre neue Sprache ruft Menschen aus verschiedenen Völkern zusammen.

Beim Turmbau zu Babel hat Gott die Sprache der Menschen verwirrt, sodass sie sich nicht mehr verständigen konnten. Die Verwirrung der Sprache entzweit die Menschen und hindert sie daran, gemeinsam etwas zustande zu bringen. Pfingsten eint die Menschen durch die Sprache. Es ermöglicht eine Sprache, die von Gott so kündet, dass die Menschen Gottes Geheimnis verstehen, und die das Leben so ausdrückt, dass sich die Menschen angesprochen fühlen.

Wir erfahren heute nicht nur in der Gesellschaft, sondern auch in der Kirche oft eine Sprachlosigkeit. Viele können ihre Erfahrungen nicht ausdrücken und sie finden sich in der Sprache der Kirche nicht wieder. Sie verstehen nicht die Sprache der kirchlichen Verlautbarungen. Oft genug können kirchliche Gruppen nicht mehr miteinander sprechen. Ohne die gemeinsame Sprache aber wird Leben verhindert.

In einer klösterlichen Gemeinschaft, die nicht mehr miteinander sprechen kann, wird auch die Wirkung nach außen in kurzer Zeit zunichte. Fruchtbarkeit, Kreativität, Phantasie, neue Impulse, neue Ideen brauchen eine neue Sprache. Das Finden einer neuen Sprache, die unser Leben ausdrückt und die unsere Erfahrung von Gott angemessen zur Sprache bringt, ist notwendige Voraussetzung dafür, dass Neues entstehen kann, dass Pfingsten werden kann und dass Verwandlung möglich wird.

Die neue Sprache schafft eine neue Wirklichkeit, sie verwandelt die Wirklichkeit. Durch ein neues Sprechen entsteht eine neue Schöpfung »voller Schönheit und Überraschung, voller Staunen und Gerechtigkeit, voller Freundlichkeit und Verspieltheit« (Fox 208) Die Propheten haben so eine neue Sprache gesprochen, die die Wirklichkeit verwandelt hat. (Vgl. Fox 298)

Die Dichter ringen um die Worte, die die Wirklichkeit aufschließen und ihr innerstes Geheimnis zum Leuchten bringen. Joseph von Eichendorff hat das in seinem kurzen Gedicht »Wünschelrute« wunderbar beschrieben: »Schläft ein Lied in allen Dingen. / Die da träumen fort und fort. / Und die Welt hebt an zu singen, / Triffst du nur das Zauberwort.« An Pfingsten hat der Heilige Geist den Jüngern das Zauberwort geschenkt, das die Welt zum Klingen brachte, das die Herzen der Menschen neu erklingen ließ. Da rührten sie mit ihren Worten an das innerste Geheimnis der Wirklichkeit und alles bekam einen neuen Klang.

Wie Menschen die Welt und sich selbst erleben, das hängt wesentlich von ihrer Sprache ab. An der Sprache eines Menschen kann man dessen innere Einstellung ablesen. Sprachforscher haben die Sprache des Dritten Reiches untersucht und darin die Unmenschlichkeit entdeckt: etwa in Wörtern wie beherrschen, behandeln, bestimmen. Mit solchen Begriffen wird der Mensch verwaltet und behandelt, da kann er nicht mehr er selbst sein.

Es wäre interessant, die Sprache der Kirche zu untersuchen, inwiefern sie die Wirklichkeit von Gott her deutet oder ob sie ihre Sprache zu einer geschlossenen Sprache verkommen hat lassen, die nichts mehr mit der Wirklichkeit zu tun hat und die daher unfähig ist, den Menschen ihre realen Erfahrungen zu deuten. Die Menschen sind heute sehr sensibel für die Sprache, die wir sprechen.

Wir können die Sprache nun aber nicht einfach als Trick benutzen, um Menschen anzulocken. Sonst würden wir Sprache missbrauchen, um zu verführen.

Es käme darauf an, dass wir uns von Gottes Geist eine neue Sprache schenken lassen, die die Wirklichkeit angemessen deutet. Die Sprache, in der wir zueinander und miteinander sprechen, verwandelt unser Leben, unsere Selbsterfahrung und unsere Gemeinschaft. Pfingsten ist die Verheißung, dass Gott auch uns eine neue Sprache schenkt, die die Wirklichkeit verwandelt. Wir müssen wie die Jünger einmütig im Gebet versammelt sein, damit so ein Wunder auch an uns geschehen kann. Und wir müssen mit dem Wort behutsam und achtsam umgehen, damit wir mit unseren Worten nicht Unheil anrichten.

Die Apostelgeschichte beschreibt die Verwandlung der Menschen durch den Geist Gottes, der an Pfingsten auf die Jünger herabkam, als geschichtlichen Prozess und als Prozess der Gemeinschaftsfindung. Da verwandeln sich die Apostel zu Verkündern der Frohen Botschaft und zu Menschen, die in der Kraft Christi andere zu heilen vermögen. Sie wandeln sich zu Menschen, die furchtlos Jesus Christus verkünden. Und sie wandeln sich von Individualisten und Rivalen zur Gemeinschaft der Kirche, von der Lukas sagt: »Tag für Tag verharrten sie einmütig im Tempel, brachen in ihren Häusern das Brot und hielten miteinander Mahl in Freude und Einfalt des Herzens. Sie lobten Gott und waren beim ganzen Volk beliebt.« (Apg 2,46f)

Der Geist Gottes verwandelt Menschen, die von Geburt an gewohnt waren, dem Gesetz des Mose treu zu sein, und die sich gegen alles Heidnische abgrenzten, in Brüder und Schwestern für die Heiden. Bei Petrus bewirkt der Geist Gottes diese Verwandlung im

Traum. Da fallen auf einmal die starren Mauern des Gesetzes und Petrus wagt es, den heidnischen Hauptmann Cornelius zu taufen. (Vgl. Apg 10) Der Geist Gottes kann verhindern, dass die Kirche durch den Weg zu den Heiden auseinanderfällt. Er verbindet Menschen verschiedener Nationen, verschiedenen Standes, verschiedener Kultur und Religion zu einer Gemeinschaft der Glaubenden. Verwandlung meint demnach nicht nur etwas Individuelles, sondern umfasst das Miteinander. Verwandlung nimmt politische Ausmaße an. Sie ist wie ein Sauerteig, der mehr und mehr den ganzen Teig der Menschheit verwandelt.

Es wäre sicher interessant, die Verwandlung der ersten Christen zur Gemeinschaft der Kirche auch unter sozialpsychologischen Gesichtspunkten zu untersuchen. Es würde uns zeigen, dass auch heute Verwandlung von Gesellschaften und Gemeinschaften möglich ist und ganz bestimmten Gesetzen folgt. Wie Verwandlung von Gemeinschaften und Gruppen möglich ist, das ist die entscheidende Frage für die heutige Kirche. Es genügt nicht, wenn nur einzelne gute Arbeit leisten, neue Initiativen beginnen und neue Wege gehen.

Die Frage ist, wie eine Gemeinschaft Verwandlung erfahren kann. Offensichtlich sind da auch die drei Elemente von Pfingsten nötig: der Sturm, das Feuer und die Sprache. Es braucht eine Bewegung und eine Begeisterung, die wie der Wind Menschen zusammentreibt. Einzelne Menschen müssen von Gott durchweht werden, damit von ihnen etwas ausgehen kann, das dann auch andere zusammenführt. Und es braucht einzelne, die das Feuer Gottes in sich hüten, an dessen Glut sich andere wärmen können. Aber es braucht vor allem die neue Sprache, die das echte Miteinandersprechen ermöglicht.

Viele Gemeinschaften leiden heute an Sprachlosigkeit. Sie können über ihre Erfahrungen nicht mehr miteinander sprechen. Und so wird das Leben in einer Gemeinschaft schal und leer. Für das Gespräch miteinander muss auch eine geistliche Gemeinschaft die psychologischen Gesetze der Gruppendynamik und Gesprächsführung beachten. Sonst kann auch der geistliche Austausch nicht gelingen.

Und es braucht noch ein viertes Element, damit Verwandlung im Miteinander gelingen kann: das Gebet. Die Urgemeinde zeichnete sich dadurch aus, dass sie Tag für Tag im Tempel miteinander betete und Gott lobte und miteinander das Brot brach.

9   Gebet und Verwandlung
Apg 16,19–34

Paulus und Silas beginnen um Mitternacht im inneren Gefängnis, die Füße im Block, an den Armen gefesselt, zu beten und Loblieder zu singen. Sie wenden sich im Gebet an Gott und loben ihn, obwohl ihre äußere Situation zum Lob keinen Anlass zu bieten scheint. Im Lob drücken sie ihren Glauben daran aus, dass sie auch mitten im Gefängnis in Gottes Hand sind, dass Gott sie begleitet und führt.

Das gemeinsame Beten und Singen verwandelt die Situation. Die Gefangenen, vorher vermutlich teilnahmslos neben ihnen, hören ihnen zu. Mitten im Gefängnis stiftet ihr Gebet Gemeinschaft. »Plötzlich begann ein gewaltiges Erdbeben, sodass die Grundmauern des Gefängnisses wankten. Mit einem Schlag sprangen die Türen auf, und allen fielen die Fesseln ab.« (Apg 16,26)

Man kann diese Worte als Bilder für das innere Geschehen in einem Menschen sehen, man kann sie aber auch als gemeinsame Erfahrung deuten. Im Gebet können die Grundmauern meines Gefängnisses wanken. Da spüre ich auf einmal, dass die Kräfte, die mich bisher gefangen hielten, auseinanderfallen. Prinzipien brechen zusammen und ich atme Weite und Freiheit. Die verschlossenen Türen springen auf. Auf einmal wird Beziehung möglich. Habe ich mich hinter verschlossenen Türen eingerichtet und mich isoliert, so gehen jetzt die Türen zu den Menschen auf und es wird Kommunikation möglich. Und meine Fesseln fallen ab: die Fesseln, mit denen ich mich selbst gebunden habe, die Fesseln meiner Angst, meiner übertriebenen Ansprüche, mit denen ich mich überfordert habe, und die Fesseln, die andere mir angelegt haben.

Wenn sich im Gebet die Türen meines Gefängnisses öffnen, dann wird Gemeinschaft möglich. Der Gefängniswärter wird verwandelt. Er ist nicht mehr der, der die Gefangenen einsperrt und bewacht, – er fragt sie vielmehr, was er tun soll, um gerettet zu werden. Er wäscht ihnen ihre Striemen und lässt ihnen den Tisch decken. Er bittet sie um die Taufe und hält dann mit ihnen ein Mahl der Freude.

Aus Feinden werden Freunde, aus dem Gefängniswärter ein Glaubensbruder. Auch das können wir als inneres Bild sehen. Wir haben oft genug in uns einen Gefängniswärter, der unser wahres Wesen gefangen hält, der es nicht freilässt. Im Gebet wird der Gefängniswärter entmachtet, auf einmal bittet er um Gemeinschaft mit unserem Herzen. Unser Über-Ich beherrscht uns nicht mehr, sondern es kommt in Berührung mit dem Herzen und teilt ihm von seiner Macht mit.

Man kann die Verwandlung durch das Gebet aber auch als Geschehen in der Gemeinschaft verstehen. Dann zeigt uns die Stelle, dass das Gebet Gemeinschaft stiftet. Überall, wo gebetet wird, hören Menschen aufeinander, überall, wo gebetet wird, entsteht Heimat. Beim Beten fallen die Mauern ein, die Menschen voneinander trennen und die sie in Gefangene und Wärter einteilen. Im Gebet tun sich Türen auf zwischen den Gefangenen und den Bewachern. Und es entsteht eine Gemeinschaft im Glauben, in der einer für den anderen zum Sakrament wird. Die Gefangenen taufen den Wärter und der Wärter wäscht ihre Striemen. So entsteht mitten im Gefängnis Kirche.

Ich habe bei meinen Besuchen in unseren Missionsgebieten immer wieder erlebt, wie das Gebet Menschen verwandelt und miteinander verbindet. Da entsteht auf einmal Heimat, selbst wenn man die Sprache nicht versteht. Wenn sich Menschen gemeinsam auf Gott ausrichten, schafft diese Ausrichtung auch Gemeinschaft untereinander. Das Gebet – so sagt uns diese Wandlungsgeschichte – verbindet nicht nur die Gefangenen miteinander und lässt sie solidarisch werden, sondern es durchbricht auch die sozialen Schranken zwischen Wärtern und Gefangenen, es hebt die Unterschiede zwischen den Menschen auf und stiftet Kirche als Haus gemeinsamer Freude. (Vgl. Apg 16,34)

Noch ein Aspekt ist mir an dieser Wandlungsgeschichte wichtig. Der Gefängniswärter möchte sich töten, weil er das Gefühl hat, er habe in seiner Aufgabe versagt. Doch Paulus ruft ihm zu: »Tu dir nichts an! Wir sind alle noch da.« (Apg 16,28) Manche, die das Wunder der Wandlung an sich erfahren, meinen, sie müssten jetzt alle alten Lebensmuster aus sich ausrotten und das innere Über-Ich zerstören. Doch der Mensch braucht auch nach seiner Wandlung noch ein Über-Ich. Es soll sich nur wandeln von einer Kontrollinstanz zu einem inneren Ratgeber und zu demjenigen, der die Striemen wäscht.

Eine Frau litt unter dem inneren Druck, alle Gefühle kontrollieren zu müssen, damit ja niemand Zutritt zu ihrem Herzen finden könnte. Sie wollte das Kontrollieren total loswerden. Doch dann verliert sie wirklich die Kontrolle über sich. Die Kontrolle schützt sie ja auch vor dem Übergriff von Männern, den sie als Kind einmal erlebt hat.

Es geht nicht darum, die Kontrolle loszuwerden, sondern sie zu verwandeln. Der erste Impuls, meine Gefühle bestimmten Menschen gegenüber zu kontrollieren, steigt in mir einfach hoch, ob ich will oder nicht. Aber ich kann dann mit diesem Impuls sprechen. Wenn ich mir diesen Menschen anschaue: Ist er wirklich vertrauenswürdig? Oder sagt mir meine innere Kontrollinstanz, mein Über-Ich, dass von diesem Menschen etwas Unklares ausgeht. Dann sollte ich meinem Impuls folgen. Aber wenn ich mir den Menschen genauer anschaue und meine anderen Gefühle wahrnehme, die in der Nähe dieses Menschen in mir aufsteigen, dann finde ich zu einem angemessenen Verhalten ihm gegenüber.

So ist es mit allen Lebensmustern, etwa dem Perfektionismus, dem Helfersyndrom, den Selbstvorwürfen. Alle diese Lebensmuster wollen nicht ausgerottet, sondern verwandelt werden. Dann dienen sie mir. Dann nähren sie mich, so wie der Gefängniswärter Paulus und Silas an seinen Tisch geladen und sie genährt hat.

10 Askese und Verwandlung
Lk 13,18–21

Mit diesen beiden kleinen Gleichnissen will uns Jesus aufzeigen, wie Verwandlung in unserem Alltag möglich ist und wie wir christliche Askese verstehen müssen. Jesus vergleicht das Himmelreich mit einem »Senfkorn, das ein Mann in seinem Garten in die Erde steckte; es wuchs und wurde zu einem Baum und die Vögel des Himmels nisteten in seinen Zweigen« (Lk 13,19), und mit dem Sauerteig, »den eine Frau unter einen großen Trog Mehl mischte, bis das Ganze durchsäuert war« (Lk 13,21).

Die Situation, in die Jesus diese beiden Gleichnisse spricht, ist die Erfahrung, dass sich in uns nichts ändert und verwandelt. Trotz aller Disziplin, trotz aller Askese, trotz aller Gebete und Gottesdienste tut sich nichts in uns. Wir begegnen immer wieder den gleichen Fehlern und Schwächen. Vom Himmelreich spüren und erfahren wir nichts. Gott durchdringt unser Leben nicht. Wir beten zwar zu ihm, wir leben nach seinen Gesetzen, aber er verwandelt uns nicht. Wir haben schon so viele spirituelle Wege ausprobiert, viele Bücher gelesen, Methoden der Meditation und Kontemplation geübt, aber wir spüren keine Veränderung in uns.

In dieser Gefühlslage spricht uns Jesus mit diesen beiden Bildern an. Das Senfkorn ist das kleinste unter allen Samenkörnern, unscheinbar, winzig. Doch gerade aus diesem kleinen Korn wächst die Senfstaude »die am See Genezareth eine Höhe von zweieinhalb bis zu drei Metern erreicht« (Jeremias 147). Vom Schatten der Senfstaude und vom Senfsamen werden die Vögel angezogen und nisten in den Zweigen des Baumes. Wir meinen oft, es tut sich in uns nichts. Alle Askese fruchtet nicht. Das geistliche Leben bleibt klein wie ein Senfkorn. Und doch irgendwann einmal werden wir zu einem Baum, an den andere sich anlehnen können und unter dessen Schatten sie gerne sitzen, um sich auszuruhen.

Ein Baum hat mütterliche Qualität. Manchmal dürfen wir erfahren, dass wir für einen Menschen zur Mutter werden. In unserer Nähe wird jemand neugeboren. Da bekommt er wieder Mut zum Leben. Und wir können erleben, dass in den Zweigen unseres Baumes die Vögel nisten, dass da reges Leben herrscht und dass von uns eine geistige Erneuerung ausgeht.

Jesus will uns mit diesem Gleichnis Mut machen. Auch wenn wir lange Zeit keine Veränderung oder Verwandlung bei uns erfahren – auf einmal werden wir für andere Menschen zum mütterlichen Baum, unter dessen Schatten sie aufblühen und in dessen Zweigen sie sich einnisten können. Allerdings sind wir dann nicht für immer der Baum. Im nächsten Augenblick erfahren wir uns wieder klein und unscheinbar wie das Senfkorn.

In dieser Spannung leben wir: zwischen Senfkorn und Baum wechselt unsere Selbsterfahrung. Das Gleichnis will uns nicht zur Leistung anspornen, dass wir uns durch Askese und Gebet zum Baum heranbilden. Es will vielmehr unseren Glauben stärken, dass wir mitten im Unscheinbaren immer wieder einmal für andere Baum sein dürfen, dass das Senfkorn in uns sich zum großen Baum wandelt, in dessen Schatten Menschen sich geborgen fühlen und aufblühen.

Das Gleichnis vom Sauerteig spricht Jesus in eine ähnliche Erfahrung hinein. Wir haben den Eindruck, dass das geistliche Leben neben unserem Alltag steht, dass da keine Verbindung, keine

Durchdringung, keine Verwandlung unseres Alltags möglich ist. Auf der einen Seite ist der Sauerteig des göttlichen Wortes und des spirituellen Weges, auf der anderen Seite das Mehl unseres Alltags, das Staubige und Verstaubte in der alltäglichen Tretmühle.

Es ist eine große Menge Mehl: »Drei Sea sind fast ein halber Zentner Mehl, und das aus dieser Menge gebackene Brot ergäbe eine Mahlzeit für mehr als 100 Personen.« (Jeremias 146) Die Frau mischt ein kleines Stück Sauerteig in diese Menge Mehl und lässt alles über Nacht mit einem Tuch zugedeckt stehen, bis am Morgen der ganze Teig durchsäuert ist. »Die Wirkung des Sauerteiges ist also eine sehr große. Das Reich Gottes, das mit der ganz durchsäuerten Menge verglichen wird, ist eine durchdringende Wirklichkeit.« (Grundmann 283)

Man kann das Gleichnis von der Situation der frühen Kirche aus verstehen. Jesus ermutigt die Gemeinde, an die durchdringende Wirkung seiner Worte und seines Wirkens zu glauben, auch wenn seine irdische Wirksamkeit gering zu sein scheint. »Trotz des verborgenen kleinen und unscheinbaren Anfanges wird die Zahl der dem Reiche gewonnenen Menschen eine große sein, und diese gewonnenen Menschen werden gewandelte Menschen sein, die unter der Wirkung seines Wortes neu geworden sind.« (Grundmann 283)

Man kann das Gleichnis aber auch als Bild für das Wirken des Reiches Gottes in uns selbst verstehen. Dann antwortet es auf unsere Frage, ob denn Gottes Geist unser Leben wirklich zu verwandeln vermag. Über Nacht kann es geschehen. So will uns Jesus sagen. Wir müssen uns gar nicht anstrengen. Wir müssen wie die Frau den Sauerteig in das Mehl mischen und es über Nacht stehen lassen. Dann geschieht schon die Verwandlung. Sie wird von Gott gewirkt, nicht von uns hervorgerufen.

Wenn wir das Gleichnis als inneres Geschehen verstehen, dann könnten wir in der Frau ein Bild für die anima sehen, für unsere weibliche Seite oder auch für die Seele in uns. Damit sich in uns etwas verwandelt, müssen wir in Beziehung zu unserer anima treten. Mit dem Willen allein können wir uns nicht ändern. Wenn wir in Berührung mit unserer Seele sind, mit unserer inneren Welt, dann kann Gottes Geist in uns alle Bereiche des Leibes und der Seele durchdringen und verwandeln.

Die Beziehung zu unserer weiblichen Seite, zu unserer empfangenden und mütterlichen Seite, und der Weg nach innen sind die Voraussetzung, dass Wandlung geschehen kann. Solange wir nur nach außen wirken, verändert sich zwar unser Verhalten, aber nicht unsere Seele, nicht unser Wesen. Wir müssen den Trog Mehl über Nacht stehen lassen. Wir brauchen die Nacht, die Träume, das Unbewusste. In der Nacht geschieht Verwandlung, im Traum, in den Tiefen der Seele. Da ist Gott am Werk. Wir brauchen ihn nur wirken lassen. Dann stehen wir am nächsten Tag auf und dürfen dankbar die Wandlung wahrnehmen.

Der Sauerteig ist gegenüber dem Mehl klein und unscheinbar. Und doch durchsäuert er eine große Menge Mehl. So erscheint Gottes Geist in uns auch oft klein gegenüber dem Mehl unseres Alltags, gegenüber der täglichen Arbeit, den Beziehungen, den Pflichten, die wir zu erfüllen haben, gegenüber dem Staub, der sich Tag für Tag auf unsere Seele legt. Da scheint das geistliche Leben nur ein kleiner Bereich neben dem anderen zu sein. Und doch – so meint Jesus in diesem Gleichnis – kann das geistliche Leben allmählich unser ganzes Leben durchdringen und verwandeln. Aber auch dann ist es nicht das Ergebnis unserer eigenen Anstrengung. Gott selbst durchsäuert unser Leben mit dem Sauerteig seines

Wortes und seines Geistes. Es ist ein Gotteswunder und nicht unser eigener Erfolg.

In beiden Gleichnissen denkt Jesus nicht an einen Wachstumsprozess, er will vielmehr die Kraft Gottes beschreiben, die aus Kleinem etwas Großes machen, die an uns wertlosen Menschen das Wunder seiner Verwandlung wirken kann. Joachim Jeremias meint zu den Gleichnissen: »Der Morgenländer ... fasst Anfangs- und Endstadium ins Auge, für ihn ist in beiden Fällen das Überraschende: die Aufeinanderfolge zweier grundverschiedener Zustände.« (Jeremias 147)

Das Saatkorn ist sowohl für den Talmud als auch für die frühe Kirche (schon Paulus und Johannes) ein Sinnbild für die Auferstehung. Die Auferstehung ist nicht ein Wachsen, sondern ein Wunder göttlichen Wirkens. Auch hier sieht die frühe Kirche zwei völlig verschiedene Zustände: »hier das tote Samenkorn, dort das wogende Getreidefeld, hier Tod, dort durch das Wunder der Allmacht Gottes bewirktes Leben.« (Jeremias 148) Jeremias zitiert den Ersten Clemensbrief, der von den Samenkörnern sagt: »Sie fallen auf den Acker, trocken und nackt, und verwesen. Dann aus der Verwesung lässt die erhabene Fürsorge des Herrn sie auferstehen.« (Jeremias 148)

Die beiden Gleichnisse wollen uns zeigen, dass aus dieser armseligen Schar der Jünger der große Baum der Weltkirche hervorgeht. Aber sie wollen uns auch das Geheimnis unseres spirituellen Weges aufdecken. Gott wirkt immer wieder an uns das Wunder der Verwandlung. Manchmal haben wir den Eindruck, es wäre ein Wachstumsprozess, der Heilige Geist würde uns mehr und mehr durchdringen. Aber oft genug ist es ein plötzliches Wunder. Wir wissen nicht, woher es kommt. Aber auf einmal sind wir zum

Baum für andere geworden. Auf einmal ist unser Leben durchsäuert. Auf einmal hat Gottes Geist alles durchdrungen und unserem Leben einen neuen Geschmack geschenkt.

Beide Gleichnisse beschreiben das Geheimnis der Verwandlung als Grundstruktur des Reiches Gottes, als Grundstruktur für Gottes Handeln an uns, als Grundstruktur unseres erlösten Lebens. Nicht die Askese, nicht die Disziplin, nicht das Gebet oder der Gottesdienst, nicht die Moral und nicht die Liturgie bringen in uns den geistlichen Menschen hervor, sondern Gott selbst verwandelt uns. Unsere Aufgabe besteht darin, den Samen in die Erde zu säen und den Sauerteig unter das Mehl zu mischen.

Askese wäre dann, sich immer wieder dem Wort und dem Geist Gottes auszusetzen und den Geist Gottes in das eigene Leben hineinzuhalten. Aber was dann geschieht, das liegt nicht mehr in unserer Hand. Das ist das Wunder göttlicher Verwandlung. Unsere ganze Sehnsucht zielt darauf hin, dass Gott selbst unser Leben verwandelt, dass er mit seinem Geist der Liebe und des Lebens immer mehr unseren Leib und unsere Seele durchdringt, bis alles in uns den Geist Gottes atmet und von Gott kündet, bis wir verwandelt werden in das Bild Jesu Christi. Dann, so meint Paulus im Zweiten Korintherbrief, wird die Hülle, die uns bedeckt und die unser wahres Wesen verbirgt, von uns genommen: »Sobald sich aber einer dem Herrn zuwendet, wird die Hülle entfernt. Der Herr aber ist der Geist, und wo der Geist des Herrn wirkt, da ist Freiheit. Wir alle spiegeln mit enthülltem Angesicht die Herrlichkeit des Herrn wider und werden so in sein eigenes Bild verwandelt, von Herrlichkeit zu Herrlichkeit, durch den Geist des Herrn.« (2 Kor 3,16–18)

Schluss

Wir haben unter den vielen Bildern der Verwandlung in der Bibel ein paar Bilder ausgewählt, um das Geheimnis von Gottes Tun an uns zu betrachten. Gott verwandelt uns und unsere Existenz durch die Menschwerdung seines Sohnes, er verwandelt uns durch sein Wort und er verwandelt uns durch Tod und Auferstehung Jesu. An Pfingsten hat er uns seinen Heiligen Geist gesandt, den »Geist der Wandlung« (Meister Eckehart), damit er mehr und mehr unser Denken und Fühlen, unser Reden und Tun und unser Miteinander verwandle. Verwandlung wurde so zum Grundprinzip göttlichen Handelns und zugleich zur Grundstruktur unseres christlichen Lebens. Ob es unsere persönliche Menschwerdung ist oder ob es um die Zukunft der Menschheit geht – immer ist es ein Weg der Verwandlung, der uns erwartet und den wir zu gehen haben.

Das Bild der Verwandlung weist uns auf eine andere Spiritualität, als wir sie in der Vergangenheit oft gelebt haben. Der asketischen Spiritualität ging es vor allem darum, die Fehler und Schwächen in Griff zu bekommen und zu überwinden, die Leidenschaften zu beherrschen und die bösen Regungen zu unterdrücken. Die Spiritualität der Verwandlung geht davon aus, dass alles in uns sein darf und dass alles in uns einen tiefen Sinn hat. Sie geht davon aus dass alles in uns, auch wenn es scheinbar noch so dunkel und böse, noch so krank und schwach ist, verwandelt werden kann und dass

Gottes Licht gerade in unserem Dornbusch, in unseren Schwächen und Wunden aufscheinen möchte.

Dabei werden uns gerade unsere Schwächen und Sünden zum Begleiter und Führer, die uns den Weg zu dem Schatz zeigen, der in uns liegt, der gerade an der Stelle verborgen ist, an dem wir schwach und schuldig sind, an dem wir mit uns nicht zurechtkommen, an dem sich unsere Leidenschaften regen und unser Leib sich zu Wort meldet. Anstatt die Leidenschaften und Schwächen zu unterdrücken, freunden wir uns mit ihnen an, damit sie uns wie die bellenden Hunde im Märchen dabei behilflich sind, den Schatz in uns auszugraben und die neuen Lebensmöglichkeiten in uns zu entfalten.

Am Begriff der Verwandlung wird deutlich, dass Gott der eigentlich Wirkende ist. Er verwandelt uns und unsere Leidenschaften, er verwandelt unseren Leib und unsere Seele. An uns liegt es, dem verwandelnden Gott zu glauben und zu trauen und uns und unsere gesamte Wirklichkeit diesem Gott hinzuhalten.

Und dieses Hinhalten ist nicht immer angenehm. Es verlangt Ehrlichkeit uns selbst gegenüber, den Mut, der eigenen Wahrheit ins Auge zu sehen. Und es verlangt die Offenheit, all das Verborgene in uns Gott hinzuhalten, der durch Jesus Christus im Heiligen Geist »unseren armseligen Leib verwandeln wird in die Gestalt seines verherrlichten Leibes, in der Kraft, mit der er sich alles unterwerfen kann« (Phil 3,21).

So wünsche ich Ihnen, liebe Leserin, lieber Leser, dass Sie sich auf den Weg der Verwandlung wagen. Es braucht das Vertrauen, dass Gott selbst Sie mehr und mehr verwandelt.

Feiern Sie die Eucharistie so mit, dass Sie erfahren: Es geht um meine Verwandlung. Ich halte im Brot und im Kelch mein Leben hin: mit allen Höhen und Tiefen, mit allem Gelungenen und Misslungenen, mit allen Stärken und Schwächen und mit all den Brüchen, die ich in meinem Leben erfahren habe. Sie können nach der Eucharistiefeier nicht feststellen, was sich jetzt schon verwandelt hat. Aber wenn Sie immer und immer wieder sich in jeder Heiligen Messe Gott hinhalten, werden Sie allmählich eine innere Verwandlung erfahren.

Und nehmen Sie Ihr Gebet als einen Ort der Verwandlung an. Vielleicht wissen Sie oft nicht, was Sie beten sollen. Dann halten Sie einfach alles, was gerade in der Stille in Ihnen auftaucht, Gott hin. Stellen Sie sich vor, wie Gottes Geist in all das einströmt, was Sie ihm hinhalten. Das, was Sie Gott hinhalten, muss nicht fromm sein. Es ist einfach Ihr Leben, so wie Sie es erfahren: mit all dem Schönen, das Sie erlebt haben, aber auch mit den Verletzungen, mit den Schattenseiten, die in Ihnen auftauchen, aber auch mit all dem Banalen, Durchschnittlichen, Alltäglichen. Alles darf sein. Aber alles soll Gott hingehalten werden. Dann wird Gottes Geist Sie mehr und mehr durchdringen und erleuchten. Dann geschieht das, was der Epheserbrief vom Gebet schreibt, das Gott alles aufdeckt und hinhält, auch das Verborgene und Unbekannte und Unbewusste in uns: »Alles, was aufgedeckt ist, wird vom Licht erleuchtet. Alles Erleuchtete aber ist Licht.« (Eph 5,13f)

Literatur

Otto Betz, Das Geheimnis der Zahlen, Stuttgart 1989.

Gion Condrau, Die Bedeutung des Wortes in der Psychotherapie, in: Psychologie des 20. Jahrhunderts, Band XV, herausgegeben von G. Condrau, Zürich 1979, 994–1001.

Eugen Drewermann, Tiefenpsychologie und Exegese, Band II, Olten 1985.

Matthew Fox, Der große Segen. Umarmt von der Schöpfung, München 1991.

Marie-Louise von Franz, Erlösungsmotive im Märchen, München 1980.

Günter Funke, Vom Mut zur Wandlung und der Kunst des Beharrens, in: Veränderung – Illusion und Chance, herausgegeben von H. Rothbucher, F. Wurst, R. Donnenberg, Salzburg 1992, 11–22.

Joachim Gnilka, Johannesevangelium, Würzburg 1983.

Brüder Grimm, Kinder- und Hausmärchen, gesammelt durch die Brüder Grimm. Vollständige Ausgabe mit 130 Holzschnitten von Ludwig Richter, Reutlingen 1950.

Anselm Grün, Bilder von Verwandlung, Münsterschwarzach 1993.

Anselm Grün, Verwandlung. Eine vergessene Dimension geistlichen Lebens, Mainz 1993.

Anselm Grün, Ändern oder Umdeuten – Der Wandlungsprozess des Glaubens, in: Veränderung – Illusion und Chance, herausgegeben von H. Rothbucher, F. Wurst, R. Donnenberg, Salzburg 1992, 120–130.

Walter Grundmann, Das Evangelium nach Lukas, Berlin 1966.

Joachim Jeremias, Die Gleichnisse Jesu, Göttingen 1965.

Carl Gustav Jung, Gesammelte Werke, 5. Band, Olten 1973.

Carl Gustav Jung, Gesammelte Werke, 8. Band, Zürich 1967.

Carl Gustav Jung, Gesammelte Werke, 9. Band, Olten 1976.

Carl Gustav Jung, Gesammelte Werke, 11. Band, Zürich 1963.

Wilhelm Laiblin, Symbolik der Wandlung im Märchen, in: Die Wandlung des Menschen in Seelsorge und Psychotherapie, herausgegeben von W. Bitter, Göttingen 1956, 276–300.

Photina Rech, Inbild des Kosmos. Eine Symbolik der Schöpfung, Band II, Salzburg, 1966.